亲子游戏与智力开发妙招

张荣君 薛爱红 主编

青岛出版社
QINGDAO PUBLISHING HOUSE
国家一级出版社
全国百佳图书出版单位

图书在版编目（CIP）数据
亲子游戏与智力开发妙招/张荣君，薛爱红主编，青岛：青岛出版社，2011.10
（育儿生活丛书）
ISBN 978-7-5436-7287-1
Ⅰ.①亲… Ⅱ.①张… ②薛… Ⅲ.①婴幼儿－智力开发－游戏 Ⅳ.①G613.7
中国版本图书馆CIP数据核字（2011）第124290号

书　　名　亲子游戏与智力开发妙招
丛书名称　育儿生活丛书
本书主编　张荣君　薛爱红
本书编委　王　丹　张　青　杨　雪　侯　梅　于桂玲
　　　　　朱　萍　张　力　李　君　赵　懿
出版发行　青岛出版社
社　　址　青岛市海尔路182号（266061）
本社网址　http://www.qdpub.com
邮购电话　0532-80998664　13335059110
策划编辑　张化新
责任编辑　刘晓艳
特约编辑　曲　静
装帧设计　本色国际传媒
制　　版　青岛艺鑫制版印刷有限公司
印　　刷　青岛嘉宝印刷包装有限公司
出版日期　2011年10月第1版　2011年10月第1次印刷
开　　本　32开（715mm x 1015mm）
印　　张　5
书　　号　ISBN 978-7-5436-7287-1
定　　价　12.80元

编校质量、盗版监督免费服务电话 8009186216
（青岛版图书售出后如发现印装质量问题，请寄回青岛出版社印刷物资处调换。
电话：0532-68068629）

FOREWORD 前言

初为人父人母的年轻爸爸妈妈，往往对如何教育宝宝不知所措。该教会宝宝哪些本领呢?怎样教他掌握呢? ……

本书根据大量的教育实践及宝宝每个月的生长发育特点设计了大量的游戏，宝宝从中可以学会运动、认知、语言、手的技巧、与人交流及自理等方面的能力。

在游戏中培养能力是宝宝最乐于接受的启智方法，也是爸爸妈妈科学育儿和快乐育儿的有效途径。

CONTENTS 目录 亲子游戏与智力开发妙招

QIN ZI YOU XI YU ZHI LI KAI FA MIAO ZHAO

PART 1 了解宝宝的世界

从蒙特梭利教育法开始

努力开发宝宝的潜能

PART 2 0～6个月宝宝亲子游戏与智力开发

语言、视听及感官能力训练

动作与协调能力训练

认知能力训练

PART3 7～12个月宝宝亲子游戏与智力开发

语言、视听及感官能力训练

动作与协调能力训练

认知能力训练

综合能力训练

PART 4 1～2岁宝宝亲子游戏与智力开发

语言、视听及感官能力训练

动作与协调能力训练

认知能力训练

PART 5 2～3岁宝宝亲子游戏与智力开发

语言、视听及感官能力训练

协调能力训练

认知能力训练

数学与艺术能力训练

情绪培养

综合能力训练

PART 6 3～6岁宝宝亲子游戏与智力开发

协调能力训练

社交能力训练

学习及科学能力训练

情绪的培养

综合能力训练

PART 1
第1章
了解宝宝的世界

从蒙特梭利教育法开始

蒙特梭利教育法

玛利亚·蒙特梭利是意大利著名幼儿教育学家，她所创立的独特的幼儿教育法，风靡了整个西方世界，深刻地影响着世界各国。蒙特梭利教育法的特点在于十分重视儿童的早期教育，强调教育者必须信任儿童内在的、潜在的力量，为儿童提供一个适当的环境，让儿童自由活动。

教育从宝宝出生开始

当宝贝呱呱坠地时，迎接新生命的喜悦与感动，几乎占据了父母大部分的思绪。宝宝出生后，父母因为担心他们生理的各种状况，容易将焦点放在身体的照顾上。当一个新生宝宝的饮食与睡眠正常且没有疾病时，父母便感到无比的安心，却忽略了此时亦是提供丰富环境与多元刺激的最佳时机。

新生宝宝比成人更需要一个稳定而丰富的环境，来逐步构建周围的世界，通过与身边人事物的互动交流，产生求知的欲望与模式。假设新生宝宝处于一个空荡的环境里，很少有光线、图片、声音和触觉的刺激，便没有通道与周遭环境产生连接，在往后的成长与学习过程中，就不易拥有灵敏的观察力与主动探索的精神。

小叮咛

建议爸爸妈妈可以在宝宝房里的墙壁挂上图画，并时常播放音乐，也可以在宝宝床上摆放具有学习功能的床围及音乐铃，且利用换尿布或洗澡的时间，给予温柔的肢体接触及丰富的语言交流。

0～6岁为学习的最佳敏感期

当父母翻阅书籍时，“敏感期”3个字俨然成为说服家长让宝贝提早学习的最佳利器。不论是学习语言还是音乐、数学、科学和社交等领域，皆围绕着敏感期一词打转。那么，究竟什么是敏感期？掌握宝宝敏感期的意义又在哪里呢？

“敏感期”一词是荷兰生物学家德·弗里在研究动物生长的时候提出的。他发现动物在某一段时间会拥有一项特殊能力，而这项能力得以让它们为生并安全成长。这一能力增强的“黄金时期”就是敏感期。敏感期对人类来说同样非常重要。宝宝在敏感期的各种能力都突飞猛进，而0～6岁则为宝宝学习的最佳敏感期，抓住敏感期进行培养可以事半功倍。

努力开发宝宝的潜能

大脑的构造

简单地区分人类的大脑构造，可分为左脑、右脑两半部，左右脑分别司掌不同功能。左脑掌管语言、分析、计算、判断与推理，右脑掌管音乐、声音、图像、想象与创造。若要再细分大脑构造的话，则可区分为额叶、颞叶、顶叶与枕叶，每一区域都具有不同的作用与功能。

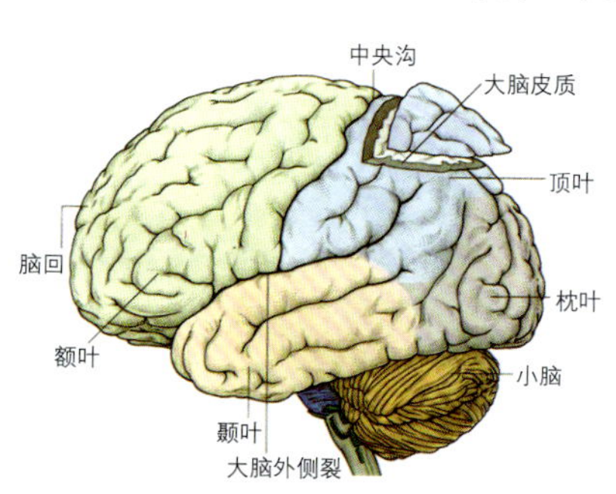

大脑各叶功能

精神能力，例如：管理能力、执行能力、领导能力。

思维能力，例如：几何、数学、空间推理、分类。

听觉、语言、语言表达和语言理解。

肢体感觉，大小动作。

视觉，例如：符号和图案辨识、观察力。

大脑的八种知性

语言知性	能理解所阅读、听到的语言，并用文字等加以表达的知性。
空间知性	能把握物的位置、速度、关系，并能依据状态行动的知性。
音乐知性	能理解听到的音乐，并会用歌唱、演奏等加以表现的知性。
社会知性	能理解人际关系等社会关系，进行社会活动的知性。
绘画知性	能记忆、理解图画和图形等，并能加以描绘的知性。
感情知性	能理解他人的感情，也能控制自己感情的知性。
逻辑数学知性	能理解数学符号，并以逻辑加以操作的知性。
身体运动知性	记得身体姿势、运动，并能根据这些活动自己身体的知性。

宝宝脑部的发育

必要的器官基础已完成

脑的原形是在受精后第十八天左右逐渐形成的，最初呈细管状（神经管）。随着胎儿的成长，神经管一端逐渐膨胀，在2个半月时，开始形成将来变成大脑的前脑泡，变成中脑的中脑泡，变成延髓、小脑的菱脑泡。

接受外界刺激头脑更加发达

在胎儿期间，每天平均产生5000万～6000万个神经细胞，8周左右，由于神经系统的逐渐发达，开始出现能感受外界刺激的皮肤感觉。再通过疼痛、瘙痒等皮肤刺激，进一步促进了脑部的发达。

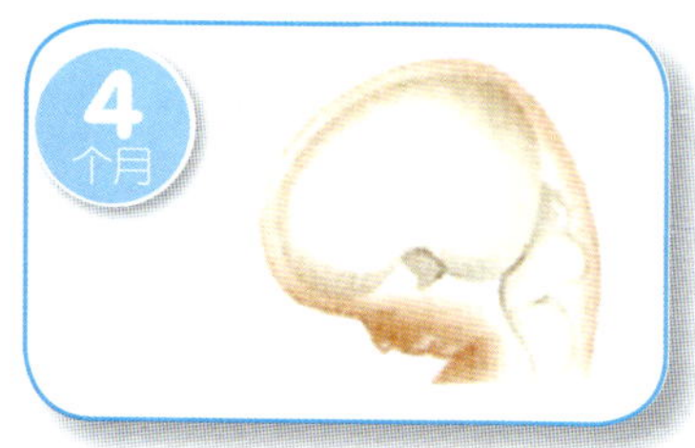

完成大脑和小脑等的发育

2个月前还是细管状的脑部，到了这时期已形成大脑、小脑等，另外司掌人类记忆称为“海马”的部位也开始在大脑中形成，据研究，感受舒适、不舒适、生气等心情的要素也在这时期开始呈现。

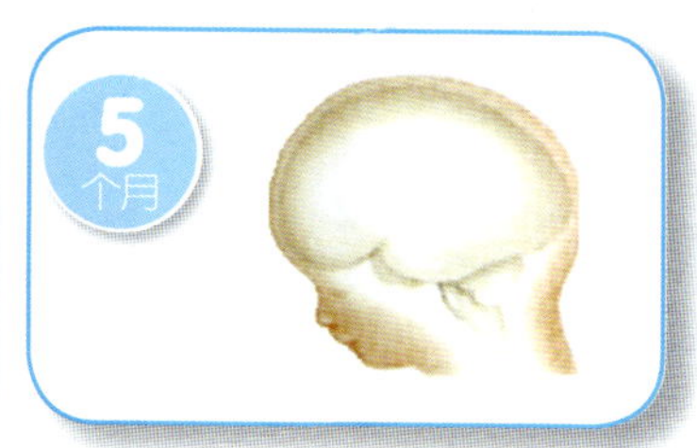

脑的记忆开始活动 能记得妈妈的声音

神经系统进一步发展，掌管五官感觉的大脑前额叶显著成长，另外大脑部位变大，表面呈现无皱褶的光滑状态，脑部记忆装置开始发挥功能，开始记得并听得到妈妈的声音。

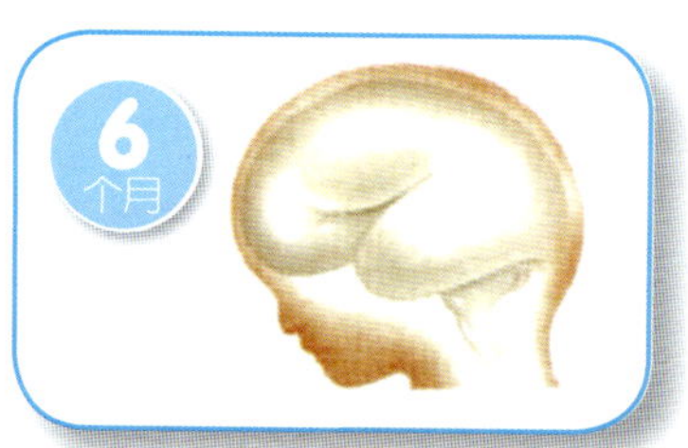

处理信息能力增强 记得妈妈的气味

脑部记忆能力增强，不仅妈妈的声音，连妈妈的气味都依稀记得，大脑皮层沟回开始形成，信息处理速度加快，神经日趋发达，身体动作显得更加灵敏，胎动也更为明显。

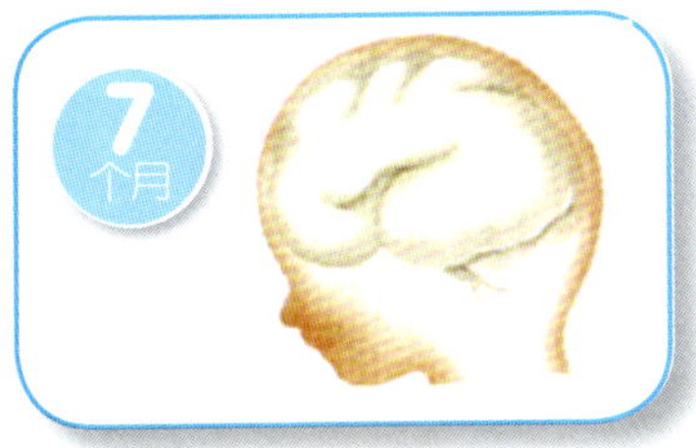

思考、记忆、感情能力萌芽

头脑重量约有300克，约为出生时头脑部重量的3/4，思考、记忆、感情的能力萌芽。由于头脑机能更好，能做有顺序的动作，同时孕育温和、活泼等个性。

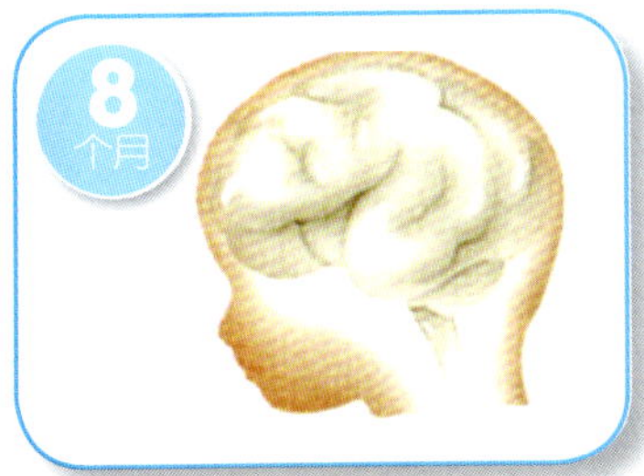

胎儿开始能敏锐感受妈妈的情感

神经系统几乎完成，能区别喜欢的声音与不喜欢的声音，头脑对声音会产生更复杂的变化，同时也能感受妈妈的喜悦、感动、不安、悲哀等情感。

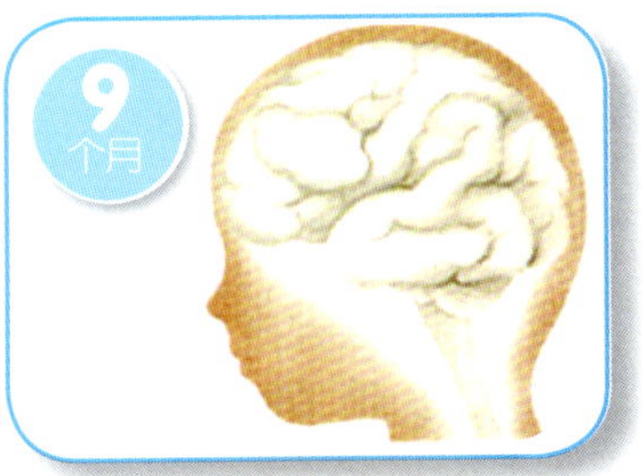

脑细胞的数目已和大人相同

脑细胞的数目和大人的相同，脑细胞彼此的复杂结合更加发达，脑部褶皱也增加。

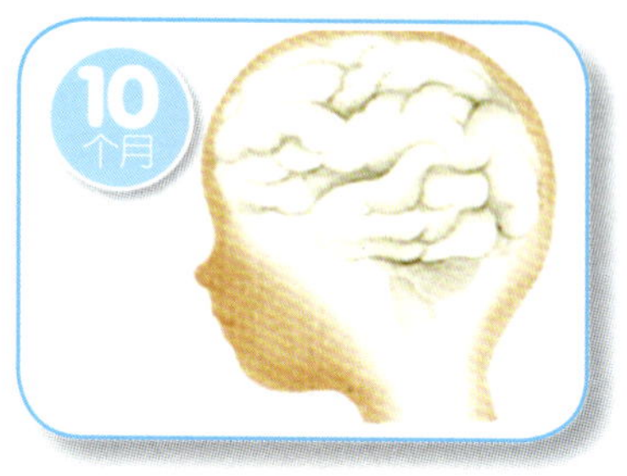

经过产道时的皮肤刺激，
也能促进大脑发育

大脑皮质的神经细胞和大人一样，大约有140亿个，褶皱也更多。头脑几乎和大人一样。由于皮肤刺激有增强脑部发育的功效，因此生产时，经产道旋转挤压获得皮肤刺激，据说有利胎儿的大脑发育。

开发宝宝潜能三观念

多元智能平衡发展

美国哈佛大学教授Gardner于1983年提出“多元智能理论”，认为所有的人都具备八种智能，包括：语言智能、音乐智能、数理逻辑智能、人际关系智能、视觉空间智能、自我认识智能、身体运动智能与自然智能。

如果在不同情境下善加运用每一种智能，则每一种智能都能获得发挥，然而，大多数人只在一两种智能上表现特别出色，这是人们先天智慧中的强项与弱项差异。父母或是将焦点一直放在宝宝的弱项上，拼命地想加强其不足之处，抑或是只关注宝宝的强项发展，而完全忽略了其他智能，这些皆是不值得鼓励的做法，最正确的方式应是尽量达到各项智能的“均衡发展”。

陪伴、接纳、肯定

“智慧”好比埋在土里的种子，需要阳光、空气和水分的滋养，才会发芽生长，若再加上施肥，就会长得更好。同理，宝宝的发展需要父母用心的关注和栽培，才会变得更好，而最能帮助启发宝宝潜能的人是父母、老师，“陪伴”、“接纳”与“肯定”是协助宝宝潜能发展的3个最有效的方式。

千万不能把“比较”和“计较”用在宝宝身上。例如，家长骂宝宝说：“你真笨，这么简单的数学题怎么都不会？！”不如换个方式鼓励他：“你不笨，数学题要多算才能熟练。”有时宝宝只是欠缺练习，需要一再重复才能够学会，不过，也有可能是他的算术能力真的比较差，但家长不要因此而全盘否定宝宝的能力，因为每个宝宝都有先天方面的个别差异。

发现宝宝优势潜能

宝宝的优势潜能，往往在学习中就可以有很好的体现。因此，只要家长用心观察，便可以从中发现。之后家长就要提供更丰富多元的资源去栽培与支持宝宝这方面的发展。

此外，也有的宝宝可能对某项目特别有兴趣，但因表现得不够理想，受挫感反而更深。此时，家长一方面可以从旁协助宝宝检讨、改善，看看是否因为学习方法不对，并给宝宝提供修正的建议等；另一方面，针对宝宝没有兴趣的部分，也可以检视是否因为宝宝没有机会发展，或从未试着让宝宝去探索。如果是这样，可以先提供机会让他去尝试探索。

小叮咛 notice

家长要多观察宝宝，发现并了解宝宝天生的强项与弱项智能，协助补强其弱点，并针对其强项智能给予资源与协助，以帮助他们发挥其独特的天赋，达到多元智能发展的理想目标。

PART 2

第2章

0~6个月宝宝亲子游戏与智力开发

语言、视听及感官能力训练

床边布置妙用多

家长平日可以趁着抱宝宝时，跟他说说话，或配合运用手摇铃，吸引他的注意力。家长还可将手摇铃挂在摇篮或婴儿床旁边，一来这符合宝宝清楚视物的距离，再来当宝宝不小心碰到手摇铃时，他会因声音注意到某处有个东西，增加视觉运用的部分。

音乐时间

关于听觉启蒙，建议家长将音乐时间融入宝宝的日常生活中。家长可以挑几首儿歌、节奏简单且旋律优美的音乐，以及一些有押韵的诗词、简单的顺口溜，在亲子互动的时候，或偶尔抱着他走走、换尿布的时候，由家长哼唱或播放这些音乐给宝宝听。家长一开始挑2~3首就好，重复使用一阵子后再作更换。

声音玩具

宝宝对各种新奇的声音都很好奇，家长除可配合手摇铃的使用外，还可准备一些不需特别操作技巧就能发出不同声音的玩具，摆在宝宝床边，让宝宝翻身、踢脚时，可能因不经意碰到玩具，而有不同声音刺激的机会。

亲子对话

当宝宝开始学爸爸妈妈的语音或玩声音时，建议家长有机会就跟宝宝多说说话，最初可从2个字、5个字等简单、简短的词句开始，如说："我们现在喝奶（换尿布）咯！"

要使小宝宝的听觉一开始就发展好，听觉启蒙的重点便是从小提供丰富的听觉经验，引导宝宝聆听，之后宝宝才能配合认知发展，将声音及意义连接在一起。待宝宝更大一点时，如1岁左右，他要能听懂父母简单的口令并执行，而这都需要前期的累积。

小叮咛

待宝宝大一些时，家长可以改用婴儿专用毛巾帮宝宝洗澡，让宝宝体验不一样的触觉刺激。到了宝宝4~5个月大时，则可将擦拭身体的婴儿专用毛巾换成一般毛巾，同样，擦拭时应擦遍宝宝全身。

触觉玩具

家长除了提供表面滑顺的玩具外，可多准备不同材质的玩具，如塑料、木头、布料等，让宝宝有更丰富的触觉经验。另外，关于小宝宝的婴儿床布置，家长也可以选用毛巾布放在原本的棉布床单上。

按摩宝宝好方法

现在有越来越多的家长会在给宝宝洗完澡后，帮他擦一点乳液，并进行婴幼儿按摩。婴幼儿按摩一方面能给宝宝丰富的触觉经验，另一方面可以加强照顾者和宝宝的联系，好处真是说也说不尽。

家长在给宝宝按摩时，如为面对面的状态，家长可以跟宝宝说说话，或哼哼歌。宝宝3~4个月的时候，会知道那个人的轮廓是妈妈，或这是妈妈的声音，因而出现笑容，并有所交流。

爱的拥抱

刚出生的小宝宝，肌肉张力还未发展好，身体感觉软趴趴的，导致不熟悉宝宝的人不敢轻易抱他。其实除了主要照顾者外，建议其他人也能有机会抱抱宝宝、轻轻地拍拍他，或对他唱歌、讲话。

小小世界

到宝宝4~5个月大时，宝宝会出现翻身动作，而随着他会翻身，触觉经验也会大幅增加，如触摸到床沿木杆等。家长亦可在地上铺好软垫，作为亲子互动的空间，让宝宝翻身时能接触不同的平面材质，获得丰富的触觉经验。

美味游戏

在宝宝4～6个月阶段，家长通常会给予宝宝尝试果汁的机会。建议家长在制作果汁时，可先拿水果给宝宝摸摸看，或将切开的水果拿给宝宝闻闻看，待制作完成后，再给他尝尝看。

活用字卡、图卡

提供给宝宝字卡、图卡的主要目的，不在于让宝宝看字或图案，而是借由快速闪示的过程，加强脑部后方视觉区的发展。因此，强调在使用字卡、图卡前期，父母可以采取一秒钟更换一张卡的方式，字卡、图卡闪示完毕后即可收起。刚开始准备的数量不必多，一天内可进行三次闪卡，以期保持宝宝的专注力并达到丰富视觉刺激的目的。

模仿发音真有趣

在宝宝4~6个月时，因为喂食辅食的关系，宝宝会开始接触喂食时发出的声音，宝宝也将开始理解这是吃饭的声音并且对环境音产生辨识甚至熟识。建议妈妈可以多和宝宝说一些简单的单字，缓慢且反复地提醒他，甚至可以结合物品，让他对语音与物品产生连接与记忆。

亲子抚触

播放轻柔的古典音乐，将脱光的宝宝放在柔软的毯子上，取适量乳液或婴儿油在手心温热一下，然后抚触宝宝的全身。

全身按摩抚触可增进宝宝的触觉经验，对免疫系统也很有帮助，还能增进亲子间的感情。

小叮咛 notice

进行按摩前，大人要先检查自己的指甲是否平整，以免不慎刮伤宝宝。宝宝若处在犯困、生病、饿了或是刚吃饱的状态，则不宜按摩、抚触。

脸部	从前额中心处用双手拇指向外推压，画出一个微笑的形状，接着在眉头、眼窝、人中、下巴，由内而外地重复相同动作。
胸部	将双手放在宝宝胸部中央，掌心紧贴他的身体，沿着两旁轻轻推压，画个心形回到胸部下缘。
腹部	让您双手手掌的外侧在宝宝腹部上来回滑动。
四肢	双手手掌夹住小手臂及小腿，由上而下搓揉。之后用双手围绕宝宝手臂及腿部，轻轻揉捏挤压，由上而下移动。
背部	以脊椎为中心分线，双手置于脊椎两侧，以交错方式移动双手，从背部上端按至臀部为止。

呼唤宝宝练听力

4个月大的宝宝，家长可以在他躺着时缓缓靠近他并轻声唤着宝宝的名字，如果宝宝没有反应，可以逐渐放大音量，若宝宝有反应甚至回头看你时，家长应过去亲亲、抱抱宝宝。同样的玩法可以多尝试几个方向，并且尽量在叫宝宝之前别让他看见你，如此一来还能训练宝宝的听力噢！

视觉小游戏

让宝宝看会移动的物品（例如：给宝宝看吊在婴儿床上的旋转音乐铃、色彩鲜艳的小玩具，拿个东西在宝宝面前上下左右移动等），宝宝会追视移动的物品，同时想要伸手去抓。不要太快让他抓到，可以增加趣味性，并且有助于培养他的手眼协调能力，但要适时让宝宝抓到物品，以增加宝宝的自信心。

触觉小游戏

宝宝喜欢抓、揉、搓等动作。平常可以给宝宝一些软的玩具或布制品等不同材质的玩具让他去玩去抓，洗澡时也可以放一些海绵制的玩具让宝宝在水中玩，这可以训练宝宝的手部抓握能力。

小叮咛

宝宝喜欢被拥抱、抚摸的感觉，家长可以借与宝宝的肌肤接触来传达亲情，也可以用双手搓揉宝宝的身体逗宝宝开心。

重复宝宝的话

0～6个月的宝宝会发出咕咕或咿呀等牙牙学语声，爸爸妈妈可以重复宝宝发出的声音，宝宝也会重复发出模仿的声音，如此一来一往的互动可增加亲子相处时的情趣，对宝宝来说也会增加对这个词的印象，纵使这个词本身没有太大意义。

语言与实物连接

跟宝宝说话可以帮助宝宝的语言发展。例如：跟他玩球时，告诉宝宝“我们来玩球吧！”然后把球放到他眼前，久而久之，跟宝宝说到球时，宝宝就会把视线移到球上，代表宝宝已经知道，那个圆圆的东西是球。

动作与协调能力训练

地板活动

放一条大毛巾或棉被在地上，将宝宝拖过来拖过去，过程中可以变换不同姿势，也可以由父母双手各拉毛巾或棉被的一端，把放在里面的宝宝晃来晃去，让宝宝在活动中有不同的体验。

敲敲打打

抱着宝宝，给他一只简单的汤匙，让他在桌边敲敲打打，可以发出声响，这样宝宝就会觉得很有趣。此外，给宝宝的日常用品，除了敲敲打打外，宝宝还会将它放到口中咬，这动作可以训练宝宝的口腔肌肉发展，只是要注意物品的清洁。

跳跳球

让宝宝靠坐一旁，妈妈拿一个直径约30厘米的球（球面最好有铃铛），在他面前拍球，让宝宝可以看到球上下跳动的变化。除了上下拍，还可以左右手互拍。然后可以让球在地上滚至较远的地方，问宝宝："球滚走了，跑到哪里去了呢？"引导宝宝追视球。

让宝宝眼睛追踪玩具，同时伸手去抓，可训练宝宝集中注意力，有助于培养其手眼的协调。

小叮咛 notice

颜色鲜艳（如红色、黄色、绿色）、有声音（如小摇铃、八音盒等）、会动、会旋转，以及会发亮的玩具，都特别能诱发宝宝的兴趣，还可刺激宝宝的听觉、视觉。

活动宝宝身体

宝宝喜欢飞起来的感觉，飞高高会让他笑得很开心，也可以训练宝宝的平衡神经发展。但要留意高度和速度，不要使宝宝脑部受到过度的刺激，否则反而容易使宝宝因恐惧不安而哭闹。

另外，可以用两只手掌从宝宝腋下托住其身体，让宝宝坐在父母的腿上，然后将双腿上下移动，或双手托住宝宝腋下将宝宝的身体像钟摆一样轻微摇晃，这样不仅可增加亲子互动的趣味，也可对前庭神经系统产生刺激作用，有助于宝宝情绪的平稳。

翻滚宝贝

让宝宝躺在被子（或浴巾）上面，轻轻地把被子的一端抬起，带动宝宝翻身的动作。大人也可以扶着宝宝的腿，带动他翻身的动作。

此游戏不但能增进宝宝的前庭觉，还能帮助宝宝练习翻身，几次游戏下来，宝宝自然就学会翻身了！

注意抬起时斜度不要太大，被子也不要剧烈地一下拉高或拉低，让宝宝一次翻一圈就好。

玩具在哪里

让宝宝趴卧，拿一个会出声的玩具在他的头部前上方逗弄，吸引他的注意。然后再左右移动，引导宝宝跟着玩具方向转头。接下来换一个会移动的玩具（如小汽车），放在宝宝的前方，让车子先左右移动，然后往前往后，故意让车子撞到宝宝的手，观察宝宝反应。然后再把玩具往前推60厘米，让宝宝往远处看，随后将玩具退至宝宝伸手就可以碰到车子的距离，引诱他伸手抓玩具。

此游戏能练习延长趴卧的时间，增加宝宝肩胛骨的稳定度，并加强上臂部的力量，对于之后学爬，也是个很好的预备练习。

用餐时间

待宝宝6个月大左右，可以让他尝试拿着汤匙，舀起碗里的食物用餐。这除了有益于精细动作发展，同时能练习手眼协调，以及不同于喝奶时的吞咽方式。

认知能力训练

乳液按摩

洗完澡后即可进行。妈妈先倒些乳液在宝宝手上，让他感受不同的触觉经验，接着帮宝宝按摩身体。妈妈可以和宝宝玩认识身体的游戏，边按摩边和他说“头在上面，脚在下面，这是左手，这是右手”，按到哪里就说出该部位的名称，接着告诉他：“这是肚子，这是小屁屁，哇，妈妈摸到你的肩膀咯！”

涂抹的过程可让宝宝练习运动自己的肢体，促进手部动作。通过按摩的过程，可使亲子关系更为紧密。

踢踢脚

让宝宝仰躺，用手轻轻摆动他的双腿，让两条腿轮流上下抬起、放下，也可以弯曲膝盖再伸直。

边摆动边注意宝宝的反应，让宝宝可以看到自己的脚，或是带着他的手摸到自己的脚，重复几次后稍事休息。

介绍生活事件与物品

在为宝宝介绍生活中的各个细节时，带动作很重要哦！妈妈可以在做动作的时候顺便讲解给他听，如换尿布、吃饭、洗手等每天都会遇到的生活细节，都可以边做边解释，反复聆听也将加深宝宝的印象。

PART 3 第3章

7～12个月宝宝亲子游戏与智力开发

语言、视听及感官能力训练

躲猫猫

家里有7～12个月的宝宝，妈妈可以和他玩躲猫猫，这对其日后的物体形象、视觉记忆与物体不会无故消失等概念，具有奠基的作用，对认知概念的发展也很有帮助。

声光玩具

家长可选择综合多种知觉的玩具让宝宝玩。举例来说，有些玩具拍了会有声音、按压后会播放音乐，这能让宝宝将触觉、听觉做连接，帮助他了解因果关系。

寻找玩具

陪宝宝玩玩具，然后用毛巾盖住一半的玩具，8个月左右的宝宝会想去掀开毛巾，慢慢地演变成把玩具全部盖起来。此游戏可帮助宝宝辨识物体、加强认知（物体恒存概念）。

生活小乐趣

日常生活中把与宝宝共同进行的每个动作都讲出来，宝宝会学得很快。举例来说，在帮宝宝换尿布时，可以和他说："妈妈帮你换尿布，你脚脚、屁屁抬起来。"久而久之，宝宝就能了解何谓换尿布、抬屁屁与举脚脚。

大小容器在一起

10～12个月大的宝宝，会开始有容器概念，家长可准备10个由小到大的套杯让宝宝玩，让他将小套杯放进大套杯中。这个游戏有助于宝宝了解物体相关以及建立因果关系。

善用图卡小帮手

1岁以前的宝宝，语言能力尚未发展，有剧情的故事内容他仍无法理解。家长可以念图卡、童谣给宝宝听，并同时示范动作，先建立宝宝名词、动词的概念就足够了。

拍拍手、踢踢脚

6~7个月大的宝宝，家长可带领宝宝拍拍手、踢踢脚、吃吃手、咬咬脚、摆摆头等，让他从游戏中认识自己的肢体，进而延伸到了解如何运用肢体。

丰富宝宝味蕾

家有7～12个月的小宝贝，应渐进调整食物的质地，并尽量给予各式各样的食物，将有助于宝宝口腔功能及语言的发展。

因为在进食、咀嚼的过程会运用到舌头、嘴唇及脸颊，所以给宝宝的食物最好口味、质地都是广泛性的；使用的食器也可不断变化，用杯子、吸管进食所用的口腔部位不太一样，这对宝宝来说都是很好的训练。

摸摸书

让宝宝触摸各种材质的故事书、绘本，如纸书、布书可给他不同的触觉刺激，增加其触觉分辨能力及经验，10～12个月大的宝宝即可尝试。

儿童歌曲自由唱

妈妈可以帮宝宝选择旋律轻快、简单的儿童歌曲，有时也可以自编自唱，增加和宝宝互动的机会，甚至是把歌词做一些代换，例如生日快乐歌的歌词，关键字可改成宝宝的名字，并且在唱到他名字时指向他。

学动物叫声

对声音很好奇的宝宝，建议妈妈可以制造各种声响（自制或是有声书等），提升宝宝对不同声音的认知。

一开始妈妈可以先从汪、喵、呱、咕等母音加子音开始，并且带宝宝去认识每一个发出这种声音的动物，实体或书本上的都可以。接着可进阶到生活中的环境音，如喇叭声、救护车警报声、公园中的交谈声，都是可供宝宝学习的绝佳来源。

按下代表不同动物的按键，就会发出不同动物的声音的玩具，是可以帮助宝宝认识许多小动物的好帮手哦！

辨认图片

利用简单的童书、绘本，教导宝宝认识常用的物品名称与身体部位。在与宝宝对话时，说话速度应尽量放慢，语调起伏丰富一点，并可搭配夸张的表情与肢体动作，吸引宝宝目光，加深其印象及理解。

选择游戏

当宝宝想喝水、吃东西时，一开始都会咿呀叫或是只叫妈妈却不说（或不会说）要什么，此时妈妈可以跟他玩“选择游戏”。例如：宝宝指着餐桌一直叫，妈妈可以问他是要汤匙、盘子还是水?

当宝宝表示要喝水，妈妈就可以拿水给他并告诉他这是水，宝宝要喝水了，并且称赞他好棒；若宝宝语焉不详也没关系，妈妈就拿错误的东西给他，让宝宝体验表达错误的结果，激励他勇于表达。

耐心的妈妈才能带出棒棒的宝贝哦!

动作与协调能力训练

跨越障碍物

内容： 在宝宝练习爬行的阶段，家长可将大毛巾折叠起来作为障碍物，放在宝宝爬行路线当中，接着把球滚过障碍物，鼓励宝宝爬过去捡球。

功用： 宝宝可在障碍爬行中增进动作技巧，并且学会如何运用身体跨过障碍物，而且毛巾质地柔软，可避免宝宝在尝试过程中受伤。

小叮咛 notice

这个游戏自宝宝8个月时即可开始练习，如果宝宝10个月大仍不能完成，家长就要密切注意了。

传球练习

内容：这时候宝宝大都已经会坐了，家长可以拿小皮球或其他软质的球，把球推给他，并鼓励他把球推回来给你。刚开始宝宝不见得能配合得好，家长毋须太担心，只要多试几次，绝大多数的宝宝都能完成哦！

要点：一是让宝宝想办法把自己的身体坐正；二是尽力碰到球，将球推回家长处。

球类平衡游戏

内容：让宝宝练习一手扶着坚固物品，一手拿着球丢或放到篮子里面，有点近似于收玩具。建议家长准备多一点球，增加游戏的趣味。

功用：这个游戏可以训练宝宝身体的平衡能力、重心维持。当我们在行进、取物时，身体重心随时在移动，而宝宝学走路前期由于是靠臀部维持身体重心，因此感觉就像只小鸭子左右摇摆，但在他扶着物品时，一般会先拿自己面前的

球，再拿旁边的小球，即维持一手在动作，身体重心在中间的状态。而宝宝身体重心移动如能控制得宜，之后学走路的速度可能会快一些。

如果宝宝10个月就已经在学站了，可以视情况给予这样的练习。

精细动作的训练

宝宝约7个月大时，可以借由精细动作的训练增进宝宝手眼协调的功能。例如：让宝宝将纽扣、豆子等物，从A处放到B处，让宝宝在拇指与食指的拿捏取放练习中，达到促进大脑功能发展及手眼协调的目的。

小叮咛

由于宝宝容易误食细小物品，因此家长应在进行此项练习时陪伴在宝宝身边，除可避免宝宝误食而发生意外，也可在练习过程中增进亲子关系。

认知能力训练

倾听宝宝想法

互动过程中的模仿，绝对不是要宝宝照单全收，指导者可先站在宝宝的立场考虑，并试着了解他的想法，再从中给予些许建议，以激发宝宝从制式内容中举一反三的可能。

你可以这么做

宝宝：红色是属于太阳公公的颜色。

家长：红色除了可以代表太阳公公，还可以代表其他东西吗？我们一起想一想，也许红色可以代表可爱的小花，或是甜甜的苹果呢？

你可以这么做

宝宝：那个宝宝好像不开心，一直在哭。

家长：那你知道他哭的原因是什么吗？我觉得光哭好像不能解决问题耶！不然我们一起去问他为什么哭，然后帮助他好吗？

经验感受

*不局限在正确、制式答案上，鼓励开放式思考。

*在宝宝身心状况佳时进行引导学习。

引导宝宝互动

对宝宝来说，最初显现的模仿行为，常被视为“亲子交流”的一种表现。对于行动、认知理解能力还未成熟的小宝贝来说，爸爸妈妈是最亲近的人，也是最主要的模仿对象，家长可适时引导宝贝与其互动，除了学习，更能交流感情。

你可以这么做

宝宝：哇！有飞机飞飞，在头顶上面。

家长：是啊！头顶的上面是天空，飞机会在天空飞高高，你看，飞得好高噢！

经验感受

对大一点的宝宝而言，已较能接收、思考更为抽象的互动内容。父母在观察宝宝的模仿行为之余，应从旁给予提醒与教育，让宝宝透过所经历的内容进行思考，以找出更丰富、合理的经验感受。

将宝宝认知与生活连接

宝宝的视觉记忆就如同照相机一般，即借由字或图的形体来记忆，在经过一次次的练习后，加深其印象。为了带领宝宝认识周遭的环境，提供给他的讯息应力求真实且正确，而字卡、图卡取得容易，正可作为互动的媒介。

在7~12个月时，视觉启蒙应尽可能以提供宝宝丰富的视觉刺激、带领宝宝认识生活中的事物、增加观察力为先。有了前期的累积，之后再配合宝宝的发展加强认知的部分，相信宝宝的接受度高，效果也会好。

由于视觉与认知、阅读之间存在莫大关联，而字卡、图卡若运用得宜，的确有助于宝宝学习，但家长千万不要轻视宝宝的阶段发展及练习机会，将“指认”视为第一要务。

巧用字卡图卡

图形卡

画面上为几何图形者（如正方形、三角形、圆形……），称之为外廓定型卡或图形卡。自宝宝6个月大起即可开始使用，一开始因为宝宝对对比强烈的颜色反应度较

佳，故可选用黑白色的图形卡。

1岁左右，宝宝对形体已有一定认识后，可再考虑选用彩色的图形卡，让宝宝在认识图形之余，还能认识不同色彩。家长通常比较偏爱彩色的教具，不过就图形卡而言，同时要宝宝接受图形、颜色两项元素并不是件容易的事，还请家长不要太心急。

功能：

a.借由视觉上的刺激及家长语言上的介绍让宝宝清楚辨别图案的外形，接着记得不同形体的特征，提升宝宝视觉上的分辨力。

b.加深图形概念及视觉的专注。

用法：

建议家长每天都能与宝宝一同进行3次字卡、图卡游戏。玩法为每次至少准备10张卡片，且因宝宝此时专注力低，故每张卡片在宝宝眼前停留一秒后即可更换下一张，卡片闪示完毕后立即收起，这样隔天再进行闪卡时，宝宝会感到惊奇不已，不要贪心认为宝宝专注在看，就再把时间延长。待一段时间过后，家长可抽掉你最先教或宝宝最熟悉的两张卡片，换上新卡片，重复上述活动，不断地替换新卡片。

小叮咛 notice

宝宝需要重复性的练习，加上闪卡所需时间不长，故一天至少可进行3次，如早上、下午、晚上各抽出一点时间进行。

字卡

字卡泛指上面有中文、英文字等之卡片。由于宝宝此时处在图像记忆时期，可把字卡当作一个和宝宝互动的工具，提供宝宝成长所需的刺激，其实玩字卡可以是非常有趣的游戏。

因宝宝还不能分辨字和图的不同，故单一画面不要同时有字跟图，或同时有中英文字等。

功 能：

a.提供视觉刺激，搭配语言介绍，可加强宝宝将两者连接的能力。

b.随着接触的机会增多，宝宝认得的部分会越来越多。

用 法：

自宝宝6个月大起即可使用，用法同图形卡，同样采用闪卡的模式进行，逐一替换新卡片。

图卡

图卡泛指上面有各式图案设计的卡片。在宝宝0～3岁阶段，我们希望提供给宝宝的讯息都尽可能真实、正确，所以自宝宝6个月大起，家长不妨选择一些生活实物相关的图卡，如水果、衣服、交通工具等，与宝宝一同游戏。

功能：

a.宝宝这个时候分辨颜色、外廓的能力尚属初级阶段，闪卡主要提供丰富的视觉刺激。

b.图案应接近实物，方便之后结合实物作为启蒙素材，而且配合宝宝年龄增长，家长除作闪卡外，可引导宝宝观察事物特征，提高视觉分辨力。

用法：

同图形卡。使用时搭配语言介绍，有助于宝宝将语言与图卡上的图案结合。家长带宝宝外出时，也可引导宝宝留意图卡上看过的东西。

因果游戏

进行方式

给宝宝按压后就会有声音或亮光的声光玩具，配合宝宝的发展，小一点的宝宝可给他能使用整个手掌按压的玩具，大一点的宝宝，就能让他玩按键比较小（能以手指头按压）的玩具。

优点

训练宝宝的认知，并培养其专注力。

综合能力训练

蜜蜂窝游戏

让宝宝坐着或躺着，用握着手的拳头在宝宝面前转一转，并问：蜜蜂在哪里?当代表蜜蜂的食指、中指或无名指等任意指头飞出时，轻轻地往宝宝身上瘙痒。

效果

刚出生的宝宝其实不喜欢玩玩具，因为他们不会玩也抓不住。没带玩具出门，宝宝烦躁无聊时，你的手就是他们最好的玩具。而“笑”是宝宝玩这个游戏的反应。

大小彩球，敲一敲

准备道具

橡皮筋，各色彩球。

进行方式

准备各种颜色、大小不一的彩球，用橡皮筋将其一一串起，挂在宝宝婴儿床上，挂在他躺着时视线的前方、小手能敲击处，循着下列的步骤来进行敲击彩球游戏。

Step 1 彩球动起来

橡皮筋带动彩球会产生上下跳动的弹力，让宝宝产生兴趣，他自然会尝试举小手去触摸。

Step 2 双手并用动一动

趁宝宝举起单手时（例如：右手将彩球往左移），让他尝试举起另一只手，双手并用来触碰彩球。

Step 3 练习小脚踢一踢

试着将彩球挂到视线更远、宝宝双手无法碰到的地方，看看他能否尝试用双脚去踢一踢彩球。

敲击彩球的游戏步骤中，能进行的程度依宝宝的发展功能而定，虽不能一次完成，但是每个步骤都必须维持一定的专注力，才能够完成动作。

小叮咛

橡皮筋可以让各种颜色的小球上下跳动，宝宝会受到跳动及颜色的吸引，尝试用小手去敲彩球，在培养注意力之余，也能训练大小肌肉发展。

懂礼貌的好宝宝

7个月大的宝宝不论粗细动作都更为灵活，也开始会模仿大人的行为，因此家长可以开始教导宝宝日常生活中会遇到的礼貌用语、单字。如在和人道别时可以举起宝宝的手挥动并且说“拜拜、再见”，家长要记得示范的重点在于手势与嘴形明确，而且若宝宝有较多的练习机会，其学习成效也将更为明显。

帮娃娃穿衣服

把宝宝常玩的洋娃娃当模特儿，问问宝宝：“今天天气好冷，娃娃要穿哪件衣服好呢？”加入环境元素，让宝宝发挥思考力，想想要帮娃娃穿什么衣服好！

PART 4
第4章
1~2岁宝宝
亲子游戏与
智力开发
WHY AND 1/2
mini

语言、视听及感官能力训练

1～2岁语言训练

动感之旅

借由动作与触摸来诱发宝宝的兴趣，促进他对身体部位的认识，例如通过摸鼻子、拍拍手等动作引导宝宝跟着做。

寻寻觅觅

摆出娃娃、车子、杯子等物品，以口令方式，指挥宝宝指认物品并拿起。待宝宝熟悉物品名称后，可改让他自己选出物品，并鼓励他做出对该物品的认知动作，如飞机会飞高高，茶杯可以装水喝。

语句接龙

这是训练宝宝说句子的能力。妈妈可以帮宝宝延长句子，例如宝宝说：“妈妈，鞋鞋。”妈妈可回应：“妈妈帮你穿鞋。”

配对游戏

由于宝宝此时已有基本的形状概念，而且对红色、黄色等鲜艳色系具有高度兴趣，故可开始进行简单的配对游戏。家长一开始可先准备2～3组不同颜色或形状的图卡或小玩具，让宝宝把相同颜色或形状的放在一起。

小叮咛 notice

同时结合颜色、形状两样元素的配对游戏因难度较高，比较不适合此时的宝宝，请爸爸妈妈以后再考虑。

分类游戏

宝宝这时虽不能清楚认识每一样物品，不过已具有一定的分类概念，像是知道常见物品与水果为不同属性之物。最初家长可以各提供几样和宝宝一同进行分类游戏。

找出异同

为提高宝宝视觉分辨力，家长可将同一玩偶换上不同衣服，或者选择两个相近但具部分差异的玩偶，先向宝宝介绍其中之一，之后再拿出另一只玩偶让宝宝观察。

通常素材本身差异若不是太细微，宝宝都很容易发现不同之处，只是最初宝宝能辨别的部分较少，而且不一定能说得出来，家长不要操之过急。

音乐呼啦圈

家长跟宝宝双手相握形成一个小圈圈，音乐开始的时候，家长便带着宝宝顺时针踏步走，接着再将音乐暂停或当音乐告一段落时，引导宝宝停下来。初期宝宝对游戏还不熟悉，应有大人陪同，通常宝宝玩个2~3次后就能顺利进入状况了。

说故事

由于宝宝已经能听懂一些简单的指令，或进行简单的生活应对，爸爸妈妈不妨每天抽出些许时间讲故事给宝宝听。

书店图画书种类五花八门，家长可视需要来选择。刚开始时，亦可利用图卡来衍生简单的小

故事，这都能为宝宝日后的语言发展、认知、创造力，奠定良好的基础。而为配合宝宝的发展，家长讲话速度可略慢一些，同时避免使用太过复杂的语句。

小小画家

这个游戏的重点并非是希望宝宝提早拿笔或作画，而是希望提供多样的材质，让宝宝以手指代替画笔，在桌上任意地做出不同变化，达到丰富触觉经验的目的。

家长要注意的是，年纪较小的宝宝习惯拿到什么都往嘴巴里塞，所以素材请以面粉或面糊为先。很多人以为小宝宝无法配合这个游戏，其实最初可先从简单的盖手印等方式开始进行，宝宝都会顺利配合且能获得许多乐趣!

水中寻宝

1岁左右的宝宝通常都能稳稳地坐在小澡盆里了，家长可以将一些洗澡玩具、小罐子、日常生活中常看到的小东西放进去，让宝宝一边洗澡一边进行水中寻宝游戏，借此增进宝宝全身性的触觉经验。

户外活动方面，如欲给宝宝全身性的触觉经验，球池亦为不错的选择。在球池里玩耍与洗澡都是全身触觉刺激的一种，宝宝的感受却是大不相同。例如，水的触感比较滑顺，而塑料球材质、重量有别，且球与球之间存在些许空隙，这些差异都会反映在身体感受上。

有一点要特别注意的是，为顾及小宝宝的安全，家长一定要全程陪同，而且球池高度最好不要超过宝宝身高的1/2，让宝宝可以站在那里玩球，降低其恐惧心理。

美味时间

有些宝宝可能因为前期没有足够的尝试辅食的机会，在1岁左右仍然排斥奶类之外的饮食，但考虑到宝宝成长所需营养及逐步适应正常饮食之重要，家长可不能就此放弃！建议家长每个礼拜安排一天作为宝宝尝试新口味的日子，当天准备1~2样宝宝较少尝试或没吃过的食物，并于用餐前，采取近似于游戏的方式吸引宝宝的注意，借以提高宝宝对新食物的接受度。

耐心教导宝宝学说话

相信每个初为人父人母的爸爸妈妈都有过类似经验，每天期盼着小宝贝可以快点开口叫“爸爸”、“妈妈”，即使只是含糊地出现类似语调，也会让爸妈们

振奋不已。

但是，每个宝宝都有其独特性，爸爸妈妈不要总拿自己的宝宝和别人作比较。就算是正常发育的过程，每个宝宝仍存有许多个体差异。尤其在宝宝出生后的第二年，这些个体差异会特别明显。

专家表示，每个宝宝身高发育的时间不同，语言发展的速度亦然，期望过高的父母会带给宝宝负面影响和压力。

轻松营造宝宝说话好环境

爸爸妈妈可从4项小活动中吸引宝宝，打造愉快的学习情境：

❶ 发音动作：爸爸妈妈可以唱儿歌、念童谣或说故事，加上手脚比画的有趣动作来营造学习气氛；并辅以简单易懂的叙述方式，让宝宝很快就融入其中并哼哼唱唱。

❷ 图片物品：鲜艳的图书绘本可吸引宝宝的目光，生活中常见的鲜艳物品也可以是很好的道具。爸爸妈妈看到的图片、物品都是教材，除了告诉宝宝物品的名称，还可强调功用。

❸ 声光玩具：利用声光玩具让宝宝记忆不同物品发出的不同声音，并学着去分辨。爸爸妈妈要留意，有些会说话的玩偶看似可爱，却

隐藏不良语词的声响，这类玩偶则不建议宝宝把玩。

❹户外教学：利用假日时间，爸爸妈妈可带宝宝参观动物园、博物馆或水族馆等地方，以认识这个世界。此外，外出往超市、邮局等路途中，妈妈也可不时地描述路边景物给宝宝听，这对于宝宝的语言学习也有帮助。

宝宝学说话互动五部曲

将日常生活中看到的、正在做正在想的事情告诉宝宝，就是刺激宝宝语言发展的累积能量。爸爸妈妈可使用以下五部曲中的任一种或多种合并法，在最自然的日常生活情境中，全神贯注地和宝宝说话互动，即可达到效果哦！

第1部

命名——认识字词。运用此种方法教导宝宝时，先让他将注意力集中在某一物品上，再慢慢地说出物品的名称。

爸爸妈妈们可以说出名称——“相机”；或是直接描述成一个简短的句子——“那是一台相机”；也可以重复或大声地强调物品的名称——“那是一台相机，相机”。

第2部

描述——认识事物的性质。运用此种方法教导宝宝时，先让他将注意力集中在某一物品上，接着描述它们的一或多个特质（颜色、形状、大小、质地、声音）。

爸爸妈妈们可以说：一只白色的猫（颜色）、一个小小的乒乓球（形状和大小）、两根胡萝卜（数量）、柔软的头发（质地）、喇叭声很大（声音）。

第3部

比较——了解事物的异同。运用此种方法教导宝宝时，先让宝宝将注意力集中到某几个物品上，并与宝宝谈谈这些物品的不同之处；接着比较它们的形状、颜色、大小、质地或声音，宝宝就会慢慢地了解相对概念。此外，利用此种方法也可让宝宝学习比较大小、高矮、长短等。

爸爸妈妈可以拿出有比较性的物品来让宝宝判断，如新鞋子、旧鞋子（新旧），大圈圈、小圈圈（大小）。或拿出一些大小、高矮、长短不同的物品请宝宝指出：哪个球最小，哪个中等，哪个最大；哪棵树最矮，哪棵中等，哪棵最高；哪个盒子最小，哪个中等，哪个最大；哪根水管最短，哪根中等，哪根最长。

第4部

说明——学会动词和时间顺序。时间是个抽象的观念，并不容易理解。爸爸妈妈可以用哪件事会先发生、谈论昨天发生的事情来说明时间的意义，帮助宝宝学习时间观念；或是通过描述正在做的事情来说明动词的概念，建立时间的顺序。

爸爸妈妈运用此种方法教导宝宝时，首先要让宝宝将注意力集中在事情上，与宝宝讨论正在做的事和接下来要做的事，在叙述中要使用类似“睡觉前”和“我们从餐厅出来后”等字眼；或与宝宝谈论昨日的事，现在进行的事以及明天将发生的事。

利用语言描述可加强对物体的印象，爸妈可使用关联性的字词（打棒球和球，雨和雨衣）；或者说明物体本身的关联性（打棒球时要用球棒和球，下雨天要穿雨衣）。

第5部

给指令——学会空间概念。给宝宝明确的指令和方向，宝宝可以学习空间观念（上面、下面、周围），也能学会如何遵循简单指令。让宝宝学习空间观念最简单的方式，就是把自己或某个东西在空间中移动，再借着观察自己和别人、其他物体间的相对位置来了解自己的所在位置。

爸爸妈妈要引导宝宝集中注意力，给宝宝执行一个简单的动作，例如“看看你背后”（让他做一件和他自己有关的事），或是“看看桌子底下”、“把玩具放在箱子里”（做一件和某个东西有关的事）。

爸妈常谈身边事

宝宝听到的言语越多，代表爸爸妈妈发出的信息越多，宝宝与生俱来的语言能力就越能得到强化。家长可运用下面两种说话的方式，必要时还可放慢速度、咬字清楚、加入音调起伏变化引发沟通动机，能让宝宝吸收更好。

自我谈话

爸爸妈妈自己对自己说话，说出宝宝正在注意的东西（以“我”为句子的开头）。

平行谈话

爸爸妈妈描述宝宝正在看、正专注于的焦点（句子以第三人称为开头）。

DIY活动促进宝宝视力

以下例举了在家就可施行的活动，能使宝宝的视觉能力发展得更好哦！

涂鸦、着色

让宝宝涂鸦时尽量伸展身体（可运用大黑板），使其运笔时能保持身体的平衡，等到具备此项能力后，再教他画圆形、正方形及三角形。

走迷宫

由简单的做起，一般书店都买得到绘有迷宫游戏的画册。

图形箱、图形板

先从基本图形认起，再逐渐增加图形的复杂度。

拼图

先让宝宝熟记拼图中各部位的位置，首先使他完成一部分，增加其自信心，再慢慢帮助他增加剩余部位，最后再由其自行完成。

识字卡

内容可分为文字、食物、动植物、交通工具等，可加强宝宝语文记忆与辨识能力。

剪贴

当宝宝具备使用安全剪刀的能力时，先要求宝宝剪直线、斜线、曲线等，再要求其剪基本图形，最后再剪复杂图形。至于贴时，要注意胶水是否涂得均匀且贴在图形中。

仿画

先画直线、斜线、叉、十字，再画基本图形，最后再仿画较复杂的图案。

串珠及穿洞洞板

串珠可由同色系串起，再要求以形状、颜色穿插变化，有助增强宝宝的视觉能力及视觉记忆能力；至于洞洞板，则要注意线孔的顺序是否穿对。

动作与协调能力训练

亲子律动

此阶段的宝宝，已可以操控四肢的动作，因此可以“运用手部和腿部与躯干互动”的律动内容为主，来增进关节和肌肉之间配合协调的韵律感觉。

刚学会走的宝宝，可由大人牵着幼儿双手进行；至于大宝宝，爸妈则可以示范给他看，让宝宝跟着模仿练习。

❶ 随着音乐踏步（如向前、转身、绕圈、侧行、慢走、快走、停止）。

❷ 随着音乐边拍手边踏步。

❸ 随着音乐边摇铃边踏步。

❹ 拿着彩带边摇晃边踏步。

发现小球

内容：家长可先拿出一个小球吸引宝宝注意，接着用小手帕将它遮住，或者在跟宝宝玩球的过程中，故意

将球滚到桌、椅下等这些他看不到的地方，然后鼓励宝宝找出来。

功用：增进物体恒存概念。

小叮咛

父母亲拿出一部分时间与宝宝做亲子互动游戏，将收获到意想不到的巨大成绩！

用黏土捏饼干

设计目的

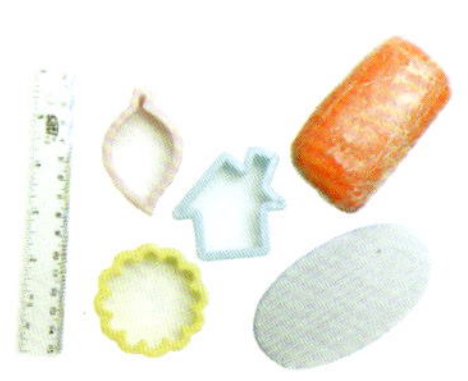

练习抓握、使用刷子敲打及施力能力。

材料

洗衣刷，造型压模块，直尺，吸管，圆擀棍，树脂黏土。

步骤

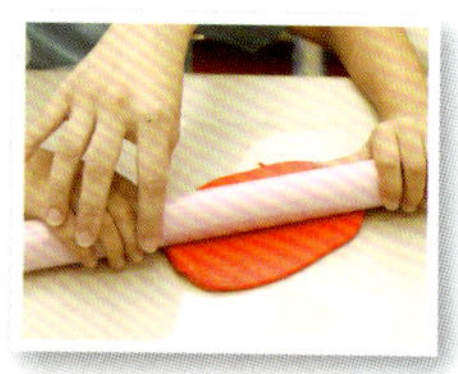

Step1 妈妈握住宝宝的手，两人一起合力用圆擀棍将黏土团擀平。

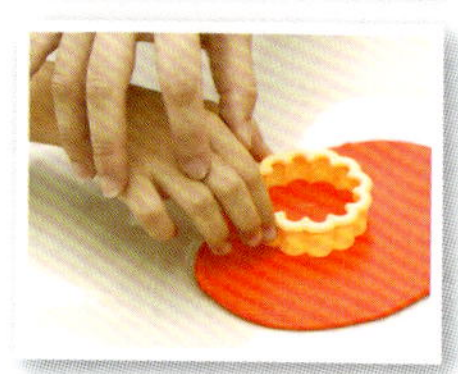

Step2 妈妈握住宝宝的手，协助他使力用压模将黏土压出饼干形状，并协助他取出。

Step3 妈妈握住宝宝的手，协助他抓住洗衣刷，然后将饼干黏土压出一粒粒的细洞。若宝宝力气不够大，这部分也可请妈妈代劳。

Step4 妈妈握住宝宝的手，协助他握住吸管，再将饼干压出一个一个的凹洞，香脆饼干就完成咯！你看，是不是很想让人咬上一口呢？

专家解析

宝宝此阶段手指的协调性开始增加，开始会用手掌做出拍打、按压的动作，也可以伸出食指做出宛如盖指纹般的动作，还会拾起小东西放进容器里。

小叮咛 notice

可让宝宝用手按压、拍打黏土，或是将各色的小珠子按压到黏土当中做出图案的变化；或是将黏土切成小块状，让宝宝学习将其放进罐子里。

利用图卡巧认知

选择两类图卡，如水果跟交通工具等，请宝宝将同类的放在一起。

把教过的字卡、图卡贴在墙壁上，当你发现宝宝在注视墙壁上的卡片，便可以拿一个小棒子给宝宝，如墙壁上贴有“肩膀”的字卡，便可请宝宝找找“肩膀”在哪里，找到了请他敲一下字卡，接着再请宝宝敲自己的肩膀，即从原本的卡片衍生一个简单的活动，保证宝宝玩得不亦乐乎。

即便是一张图卡，也可以衍生一个亲子之间的小故事，因为宝宝年纪小，故事结构不用太复杂。例如，宝宝对草莓图卡反应好，妈妈便可以告诉宝宝：“这是草莓，草莓红红的、酸酸的，明天我们一起去买草莓好不好？”接着视宝宝的回答继续延伸故事。

看书看世界

该阶段可以运用图卡作为启蒙素材，一方面运用闪卡的方式增加宝宝的视觉刺激；另一方面通过使用介绍生活环境事物、动物的图片，父母描述特征等方式，提高宝宝的观察力及兴趣。

图书方面，除了选择和生活相关者，还可加入生活习惯养成的内容，共同建构宝宝的认知。这时使用的童书以图案画面简单、有益培养宝宝观察能力、句子较短（单页1～2句）容易理解者为宜。如果手边的童书文字较多，父母可以根据画面浓缩为简单的描述，像说故事般地分享。

有节奏的韵文，如手指谣、童谣、儿歌等，有助于宝宝学习运用语言，加深对事物的印象，活动中搭配一些动作、小游戏，宝宝会很开心哦！

大肆挥洒画笔

宝宝拿到笔总会忍不住想要大肆挥洒一下，此时家长应让宝宝建立正确的习惯，提供纸笔，别让家里的墙壁、地板都成了宝宝的画纸！

家长可以先拿着画笔示范在纸上绘图，当宝宝也开始在纸上作画，家长应对宝宝的成果表达称赞，让宝宝对于绘画一事感到有兴趣，这种绘画练习可以训练宝宝手指的抓握能力，并开启宝宝对色彩的认识。

不同在哪里

妈妈可以家中儿童绘本为工具，或是拿出两张相类似的图片，训练宝宝分辨两张图的差别在哪里。例如，对宝宝说：“白天有太阳，晚上太阳公公不见了，换成弯弯月亮出来了。”

水果颜色配对

妈妈可制作色卡与字卡，让宝宝学习正确配出水果的相对应颜色。例如：苹果是红色，香蕉是黄色，葡萄是紫色……

数学游戏，从“1”开始

1岁左右的幼儿，很喜欢将手中或是身边的物品向下丢，当宝宝处于这个阶段时，父母会认为宝宝很不听话。其实，宝宝丢东西是因为被物体接触地面时发出的声响吸引了。再者，1岁左右的婴儿还未发展出向上抛物的能力，因此丢东西成了一项新的模式与乐趣。当宝宝出现丢东西的情形时，父母可以请他捡回来。例如，“请你把地上的一个球捡起来给妈妈”，“请你把桌上的一台小汽车拿给爸爸”。在每一次的对话中，带入数量及单位名称，宝宝很快就能学会“1”所代表的意义。

容器概念

将积木放在玩具箱中，让宝宝一个一个拿出来，之后再一个一个放回箱子里。也可以变换箱子的位置。这个游戏可以训练宝宝的专注力、认知能力、手眼协调能力。

PART 5
第5章
2～3岁宝宝
亲子游戏与
智力开发

语言、视听及感官能力训练

语言启蒙小游戏

开车游戏

将动作和语言结合，是这个阶段幼童的语言发展行为。可找一个大纸箱当车子，让宝宝当司机、父母当乘客。父母亲可以塑造不同搭车情境，增加游戏的趣味性。

代名词游戏

代名词出现，是两岁半幼儿语言发展的重要特征。此游戏不但能训练宝宝使用代名词，还能训练宝宝的听辨能力。游戏参与者围成一圈，先由父母示范，蒙住眼睛站在中间，由环绕者中的一人发出声音。发声完后，大家互换位置，让蒙眼者凭声音猜测发声者是谁。游戏中可用问答的方式，猜的人问：“是你说的？”被指定的人可答“是我说的”，或“不是我，是他说的”。

小叮咛 notice

想成功打开宝宝的“话匣子”，父母除了可依照不同年龄为宝宝安排语言学习时程外，更要建立具丰富性与安全感的生活情境，这是宝宝最需要的重要元素。影响宝宝正常语言学习的原因相当复杂，撇除部分不可抗的疾病因素，多元刺激、正确互动，都有助于宝宝流畅应答、侃侃而谈哦！

矫正“童言童语”二法

正在学习语言的宝宝模仿力极强，听到什么就学什么，爸爸妈妈要端正自己的说话方式、语调等，做好榜样才不会“教坏”宝宝。

专家提醒，爸爸妈妈要“谨言慎行”，否则宝宝有样学样，届时想要改掉这“坏习惯”会更加困难。

正确的词语

宝宝初学说话时，常发出的叠字词语“咪咪”、“门门”等听起来十分俏皮。但是，爸爸妈妈仍应使用正确的语言响应他，让宝宝明白正确用语的表达方式。

矫正发音

有些宝宝说话有明显的大舌头的含混发音，听在耳里或许很可爱，但这是错误发音导致的结果！爸爸妈妈矫正宝宝发音要适时适宜，切勿矫枉过正而降低宝宝想开口的欲望。

四活动促进宝宝听力

以下列出了四项在家就可施行的活动，能使宝宝的听觉更加敏锐！

儿歌：经常播放儿歌并和宝宝一起唱，可增进听觉刺激，并帮助其语言发展。

训练倾听及分辨能力的录音：包括分辨不同种类的声音、童话故事录音等。

模仿：借听觉能力模仿敲打韵律，或是学成人说数字、词汇等。

听指令做动作：指令内容包括方向、距离、前后、位置等概念，并要求宝宝用身体行动去完成。

小叮咛

其实，从小就用大人的正确的语言与宝宝交流，宝宝的语言能力才会有突飞猛进的发展，千万不要小看了宝宝的理解力哦。

协调能力训练

训练宝宝计划动作能力

❶ 家长在与宝宝玩球的过程中，可刻意将球滚到沙发或桌子底下，先观察宝宝会不会自己想办法捡起来，接着引导宝宝思考解决的办法。

❷ 每当接近宝宝沐浴的时间时，问问宝宝“洗澡时该准备哪些东西呢”，鼓励宝宝自己挑待会儿要穿的衣服或洗澡玩具等等。

❸ 2～3岁的宝宝模仿力更强咯！看到大人在擦桌子、折衣服时，常常表现出相当的好奇心，家长请抓紧时机，邀请宝宝分摊部分工作！

小叮咛

计划动作能力和动作、认知发展是紧密结合在一起的。2岁左右的宝宝，不仅适合的游戏、生活情境更多，启蒙的复杂度、广度都可再提高！

大力士

这个游戏要准备四个垫子，宛如一座小战场，这时，就开始大力士比赛咯！借由身体的触碰与力道的掌握，可以训练宝宝的肌力与骨骼发展！站立的时候，也能训练平衡感和协调的反应能力。

方法1　铺好四个垫子，大人与宝宝背对背，各坐一半，看谁可以用屁股，把对方挤出去。

方法2　二人面对面或背对背站在垫子（地板）上，用手推，用身体的力量抵抗，看看谁会赢？

你抛球我接球

内容：宝宝2岁后，家长可以选择较大的球，由家长先抛，鼓励宝宝双手抱接。为了提高宝宝的成功率，游戏开始时，家长应提醒宝宝把两手张开、手心向上，接着再将球准确地丢到宝宝手中。

功用：除了基本的手眼协调训练，“时间概念”对宝宝相当重要。时间概念和节律、节奏密切相关，如果发展得不好，将来的很多发展包括语句、顺序等都会受到影响。

小叮咛 notice

❶ 这个游戏考验的不只是宝宝的接球能力，也考验家长的丢球能力。当然爸爸妈妈不用每次都非得丢准不可，但若想要增加宝宝的动力，前期应给他足够的自信心！

❷ 建议家长由下往上抛，让宝宝容易掌握球，提高接球成功率。

灌篮高手

内容：给宝宝一个网球大小的球，并在距离他所站处1.5米处画一个长宽30厘米的框框，或准备一个直径30厘米的小篮子，鼓励宝宝尽量将球准确丢进目标物。球亦可用沙包代替。

功用：促进手眼协调。

卷春卷

内容：天气热时，帮宝宝洗完澡后让他穿上小内衣与小内裤，用条毛毯把宝宝包起来，和他玩卷春卷、卷寿司的游戏。

家长可试着告诉宝宝："现在我要把你吃掉！"然后从宝宝的脚开始往上抓，让他往前钻出。待宝宝跑出来后，可问问他还要不要玩，如果他想再玩，下一次就从头的地方往下抓，让宝宝从下面钻出来。

此活动要控制在15分钟内，毕竟游戏过程中整个身体都要出力，来回玩个两三次就够了，避免让宝宝过于兴奋。

功用：给活动量大的宝宝较多的本体感觉刺激。

此时的宝宝很难照家长要求的指示卷起来，家长可以抱抱他，拥抱就是本体觉刺激，而拍背的动作亦能缓和宝宝的情绪。

认知能力训练

利用字卡帮宝宝认字

家长可以准备好几套字卡、图卡，将原本的游戏转化成宝宝脑中的知识，将连续而有趣的学习，变成生活中的习惯，效果才会好。

如何挑选适合的字卡、图卡，是许多家长共同的疑问。其实只要能以宝宝的发展为出发点，且引导得宜，自制字卡、图卡一样可以获得很好的效果。

对0～3岁的宝宝来说，无论家长给的是字卡或图卡，他们都是由记忆其形体作为辨别，所以字卡、图卡没有孰优孰劣之分，而字卡上为中文或英文也没有太大限制，仅能说各具不同功用。不过由于宝宝需至3岁左右才能辨别何为图、字，因此不建议太早使用单一画面上既有图又有字的卡片。

宝宝的小脑瓜聪明得令人难以置信，尽情地给他快乐和知识吧，这将是他永远的财富。

为宝宝选择好拼图

该阶段适用的拼图，图案方面以具体、宝宝熟悉且依物体外形清楚切割为各部位者为首选。片数则可先从两片开始，再视宝宝接受度慢慢增加，常见为类似苹果、叶子组合而成的两片拼图以及将人体分成三部分的拼图等。

通常如果素材符合上述要求，3岁左右的宝宝在尝试后都可完成6片拼图。一开始，家长不宜操之过急，即使是两片式拼图，不妨先拼好一片，留下仅剩的部分让宝宝进行单一配对，待宝宝熟练后，再让他自己拼完。

养成阅读的习惯

❶ 图书画面和句子的复杂度可再提高。

❷ 这时候的宝宝就像小大人般，而且作息、用餐也都和大人一起，图书的内容可以由之前生活习惯的养成进展到生活自理能力的落实，以及学习健康知识（如穿衣服、洗手、良好的饮食习惯）等内容，养成宝宝独立有礼的性格。

❸ 不建议选择故事性太强的内容，因为宝宝认知有限，过于夸张、刺激的故事，可能会加深宝宝的恐惧。宝宝3岁后，创造力蓬勃发展，再提供这类书籍比较合适。

❹ 光是由父母念给宝宝听，已经不能满足他们咯！活动中，父母可以试着提出简单的问题，引导宝宝思考，并且带入肢体游戏。

小叮咛 notice

妈妈爸爸一定要注意陪伴宝宝阅读，这是形成良好的阅读习惯不可或缺的哦！

数学与艺术能力训练

数学启蒙四活动

数学和实际生活紧密结合，与商业、艺术、科学、农业或医学均密不可分（例如：地球自转一圈为24小时，雪花为六角晶体结构，中国一年共有24个节气等）。

一般宝宝4岁半左右才有能力正确点数1～10，在此之前家长应提供各种感官刺激。譬如：物的形形色色及现象的视觉观察，环境中各种声音的差异辨识，生活环境中嗅觉、味觉、温度觉

及重量感的应用等。

活动1 地板活动

准备3～5件日常用品于桌面，让宝宝一一确认后，再请宝宝闭上眼睛，成人随即藏起一件用品再请宝宝张开眼睛，说出是少哪一件用品；也可以在宝宝闭眼后增放一件物品，再请他回答多了什么东西；或是用品不增不减。

活动2 形形色色

让宝宝找出家中几件某种形状或某种颜色的物品。延伸：找出和某件物品一样长或比它长（或短）的物品，最后按长短排出顺序。

活动3 分类

请宝宝将生活中各式物品、动植物加以分类（例如：有生命的和无生命的，木头、金属与塑料等）；也可用宝宝认识的图片，每次只用一种分类法。

活动4 记忆数字

记忆与自己生活相关的数字：几岁，几月生日，家中有几个人，个人身高、体重，家住几楼等。

先认识量，再认识数字

常常听到宝宝数数，然而，数学概念的培养应该从理解数字的量开始。父母可以指着图片问宝宝：“有几只蝴蝶在天空飞呢？”，“小狗有几只脚呢？”轻轻扶着宝宝的手，一起数一数。几次之后，宝宝便能建立数量的概念。

当宝宝可以逐步数出数量时，便可带入数字的符号，让宝宝练习数字的排列与数量对应。家中不要的小量杯或是布丁盒是非常好用的材料，只要搜集10个相同的小容器并在外围贴上数字卡，再准备55个大纽扣，让宝宝练习1～10的排序并放入对等的数量，就是一个简单又好玩的小游戏了。

小叮咛 notice

平时，哪怕走在大街上都可以利用看到的素材启发宝宝对数和量的认识，非常有用。

奇数偶数这样教

当宝宝能够从1排序到10无误之后，接下来就可以做延伸变化了。比如让宝宝学会奇数与偶数的概念，只需要小小的技巧与说明，2~3岁的宝宝很快就能理解。在指导宝宝排列数量时，两两成行。当排列完成时，可以跟宝宝说：“单独一个、没有好朋友的是奇数；两两可以配成对、有好朋友的是偶数。”亦可以利用家中玩具或是布偶娃娃排列做练习，宝宝便能轻松地掌握奇数、偶数的概念。

数字贴贴乐

如果数字不是数字，而只是一个简单的曲线图案的话，它们会是什么东西？直直的鼻子、卷卷的头发，还是大大的眼睛？就让宝贝发挥他们的想象力吧！

材料

数字泡棉，胶水，签字笔，图画纸。

步骤

将图画纸折成四等份，请宝宝在其中各画出一个基本的形状图案。接下来就要请小宝贝利用数字泡棉在图案上创作出脸谱咯！

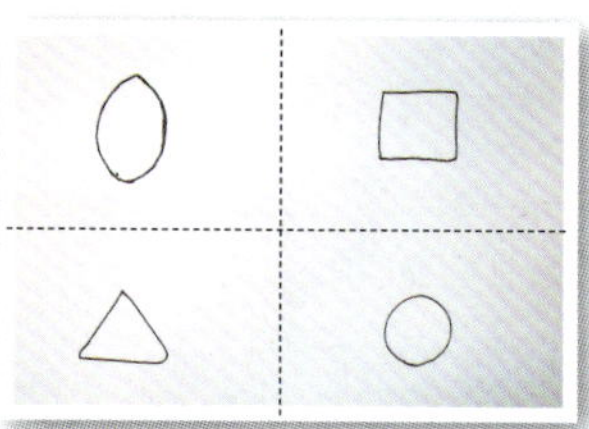

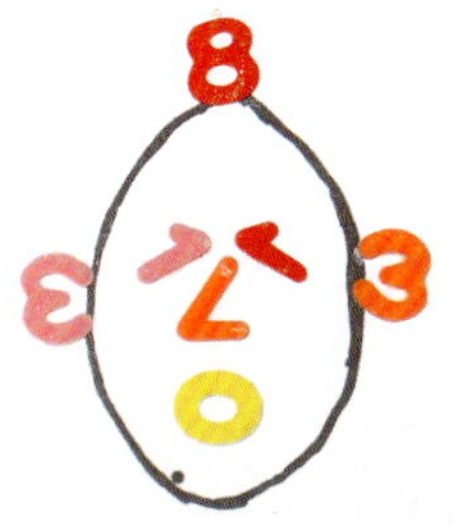

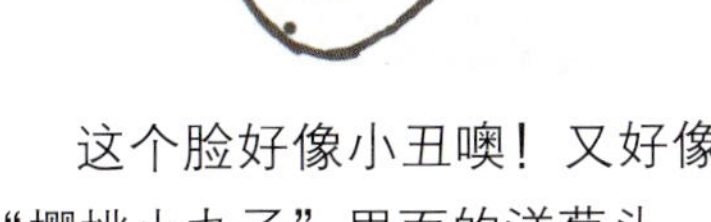

这个脸好像小丑噢！又好像“樱桃小丸子”里面的洋葱头。

哈咯！我是天线宝宝。

这是戴着眼镜的外星人。

哈哈！这是妈妈的卷卷头。

小叮咛

如果宝贝还小的话，可以从一次只给他一个数字开始，看看放在不同的位置会变化出怎样的结果。慢慢地增加使用的数量（但不需要强迫一定要用到哪一个数字），宝宝的创意就会源源不绝地涌现出来。

指导宝宝涂鸦

涂鸦期

此时期的宝宝会依据肌肉的发展，随机地涂画，其作品难以辨识，也不具有特殊意义；此时宝宝享受运用肌肉的机会，并因在画纸上能留下记号而感到高兴。

❶ 开始涂鸦后6个月，随着宝宝的专注力提升，绘图方式渐有规则。

❷ 出现圆形涂鸦，并开始为图画命名；会开始边画边说。

❸ 所绘对象之名称可能会改变，例如宝宝在画完图后说“这是一棵树”，第二天可能变成车子或其他东西。

❹ 颜色在此时期并不重要，但对“美”的表达能力开始发展。

❺ 随着宝宝的发展，此阶段末期绘图中渐渐出现人形图案，一般由头部开始，渐而发展出四肢及其他细节部分。

❻ 接触艺术的机会越多，宝宝想要主动学习的动机会越高。

教学与引导原则

❶ 允许宝宝用自己的方式思考，看图时先不要猜测宝宝所绘之物体为何，只需聆听他们表达。

❷ 允许宝宝回忆过去的经验，并给予许多言语上的赞美。例如说：“你花了很多时间画画？”“你很喜欢画画噢。”以宝宝能理解的程度回应他。

❸ 可在宝宝绘画时，解释一些图画中的动作给他们听（例如：快、慢、晃动等）；或是用手指沿着儿童所绘之线条移动，因他们正在学习协调性。

❹ 提供给宝宝各种不同的素材，例如：粉彩、蜡笔、彩笔与水彩等。

❺ 鼓励肢体的动作和表达性的发展，可给宝宝大张的画纸，并避免打扰他作画，以免中断他的思绪。

❻ 不强迫宝宝提早进入下一阶段，只要他们在此学习的过程中感到开心舒服，就会持续发展。

❼ 画作的颜色并不重要，但仍可鼓励宝宝尝试不同颜色；而当宝宝开始在自己的画中辨别出物体后，可鼓励他们多画一些动物或人，但允许宝宝用自己的方式表达。

音乐启蒙

音乐对宝宝的重要性

从心理师的角度来看，音乐和图书一样，也是很好的媒介与工具，而许多研究亦证实，音乐可提升学龄前幼儿的情绪稳定度，也能在适度的引导下，训练宝宝的专注能力，真的是好处多多。

除了上述的优点外，音乐也能让宝宝学习欣赏、放松、律动，锻炼与刺激他身体的感官，若将音乐与创造性的动作、舞蹈作配合，还可激发他的想象力与创意。

选择幼儿音乐注意事项

宝宝还没出生前，妈妈其实就可以准备一些柔和、旋律单纯的音乐来作胎教音乐。1岁前的小宝宝同样较适合听些单纯、和谐、轻柔、旋律简单的音乐。

至于1~2岁的幼儿，因为肢体动作发展比较好了，可为其挑选活泼一点、节奏感强的音乐，但是旋律不宜太复杂。当然，声音柔和舒服、音质清晰、歌词简易等，是选择音乐时的通用原则。

小叮咛 notice

要注意选择适合宝宝的音乐，不必过早追求名家名乐，甚至盲目跟风。

夹夹乐

玩法：

把宝宝夹在父母的中间，对着宝宝说："爸爸妈妈现在是厨师，那你是什么呢？你当热狗好不好？"当宝宝同意后，家长可摇摇在中间的宝宝，然后和宝宝说："我们现在要吃热狗！"接着亲亲宝宝的脸颊。

注意：进行时不要让宝宝玩过头，当他太兴奋时就要停止，以安定他的情绪。

优点：借由肢体的接触建立亲密的亲子关系。

认识夜晚

玩法：

在天花板上贴上星星、月亮荧光贴纸，让宝宝躺在床上并把灯关掉，接着运用儿歌、唱游的方式，带宝宝认识夜晚。妈妈可试着唱："天黑了、灯亮了，所以星星月亮出来了，小鸟回家了、宝宝要睡觉了！"

优点：陪着宝宝渐渐进入梦乡，增进亲子感情。

亲子共读

选择一本有趣的图文书，念里面的故事给宝宝听，同时加上手势与声音表情，培养宝宝的想象力、语言表达能力，拉进亲子间的距离。

在进行亲子共读时，家长可把握以下几个原则：

重复阅读

同样的故事其实可以视情况重复阅读，刚开始家长可先扮演说故事的人，待宝宝熟悉故事内容与脉络后，可以问他与内容相关的问题。

询问想法

询问故事内角色的想法与感受，是更深一层次的问题焦点，若能将故事延伸到生活情境中、跟生活事件与经验作连接，那么才是真正地应用了教材的力量。假如宝宝回答不出来也无需紧张，宝宝可能只是需要更多的时间。

让宝宝说故事

等宝宝都能响应后，还可试着让宝宝去讲同样的故事，甚至进一步去改编或开创新的故事。很多时候宝宝会把心中的幻想、感受与日常生活中的大小事编到故事里，透过阅读与共读活动，家长将更有机会了解宝宝的想法。

综合能力训练

积木拆拆拆

玩法：

将组合好的积木给宝宝，让宝宝自己拆开。

变化玩法：

❶可适度调整积木组合的松紧度，来配合宝宝的建构。

❷若是积木有不同颜色或形状，可让宝宝拆开后再进行颜色或形状的分类。

功用：

可以加强宝宝手指的力气以及小关节的稳定度。若配合颜色则可加强宝宝们对颜色以及颜色的配对与分类的认识。

简单七巧板

玩法：

利用各种形状的积木，让宝宝拼出简单的图案。

变化玩法：

家长先将各种形状的积木在图画纸上拼成图案后（先从两块开始慢慢增加），再用笔将图案的边线及界线画出来，最后将积木拿掉，请宝宝照着图拼出来。

功用：

训练宝宝的空间概念、物体相对位置、创造力以及形状配对概念。

小叮咛

现在市面上的积木种类非常多，家长可根据宝宝的年龄及发育情况作选择，及时更换。

旧资源用处多

从小要训练宝宝“珍惜资源”，告诉宝宝“丢东西以前，先想想它还有什么用”，不但能养成宝宝节俭的习惯，还可以训练他们动脑想出一些资源再利用的好方法。

例如：吃完点心的漂亮盒子可以用来装积木，教他们

用图画自己做标签；喝完鲜奶的纸盒可以做笔筒，自己剪贴图案装饰；饮料罐装些豆子可以做沙铃，还可学用胶带粘贴；甚至剩下的果皮、菜叶都是他们过家家的材料；还有旧报纸、杂志、广告等，都是写、画、撕、贴、做球类的好玩物……

当我们烦恼宝宝们下雨天没有地方玩耍时，这些活动既可动脑又可动手，亦是知觉动作训练的好课程。在不起眼的收纳过程中，宝宝更可学会分类、组织的技巧。

帮妈妈准备食物

许多父母很担心让宝宝接触厨房的工作，怕宝宝被热水、油锅烫伤，或被锋利的刀子割伤。实际上，父母给宝宝建立正确的安全观念与行为规范即能避免大部分的意外伤害。若因为过度担心宝宝受伤而使宝宝失去接触的机会，反使其少了生活中实际的经验。

2~3岁的宝宝可以学习基本的餐桌礼仪及准备简单的食物，父母可以准备一张餐桌垫，画上碗、筷子、汤匙应摆放的位置，请宝宝在用餐前摆放。如果家中常吃西餐，可改画摆放刀子与叉子的位置，不但让宝宝学习基本礼仪，也对用餐过程更有参与感。

另外，让这个阶段的宝宝学习简单地切开食物，不但可训练手眼协调的能力，更可从中认识食物的名称、数量的概念等，是个简单且容易实行的游戏。食物的种类以较软、大小适中为原则，蛋糕、香蕉都是很好的选择。

折叠很容易

当宝宝看到妈妈在晒衣服或折叠衣物时，通常都会非常想参与，但是大人往往担心宝宝越帮越忙，为了省下善后的时间，所以总是拒绝宝宝的请求。实际上，可以从简单的折叠工作开始，一旦宝宝掌握了技巧，很快就会成为妈妈的小帮手。

在2岁时，让宝宝尝试折正方形的手帕、纱布巾，成人先示范一次，再请宝宝跟着做，不论宝宝是否能完成工作，都要给予口头的赞美与鼓励。如果能加上对折处的车线，更能让宝宝掌握折叠的技巧。

家中常常用到的抽取式的面纸或卫生纸，只要稍做变化，不但可以达到训练幼儿折叠能力的目的，也是省钱的好方法。家长可以准备一个干净的盒子和平版卫生纸，让宝宝每一张或每两张折叠在一起，供家中需要时取用，不但可训练专注力与折叠技巧，也让宝宝无形中参与家中的活动。

穿脱衣服真简单

保持整齐干净的容貌和穿着，是最基础的自我照顾环节之一，也是基本的礼仪。在婴儿阶段，父母带宝宝外出时，就应该告知宝宝要换外出服，穿戴帽子、鞋袜，从小养成服装内外区分的观念。

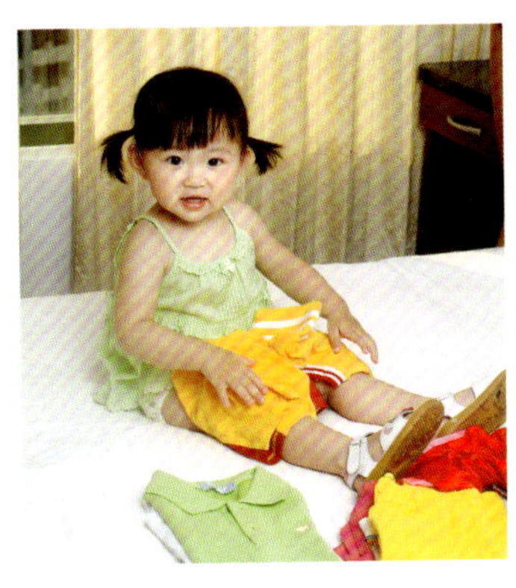

多大的宝宝会自己穿脱衣物呢？1岁多的宝宝就开始喜欢模仿成人穿脱衣服的动作，只是大小肌肉与协调能力尚未足备，因此需要身边成人协助其完成动作。

2岁开始就应该训练宝宝自己穿脱外套与鞋袜了。那什么神奇的方法能让宝宝完全不借成人之手又可以自己穿脱外套呢？有以下简单的4步：

1. 将外套背面朝向宝宝并在床上铺平。
2. 双手伸入衣袖中。
3. 请宝宝用力将手向上抬举绕过头部。
4. 哦，穿好了。

小叮咛 notice

要及时鼓励和表扬宝宝的每一点进步，这样宝贝很快就可以自己穿脱衣服了。

趴大球

内容：

准备一个大的海滩球或治疗球（球的直径约为宝宝的手臂长度，不太硬的即可）；让宝宝趴在球上，在前方放置小凳子或小椅子，上面摆些有趣的玩具或积木（放置的玩具最好是不太吸引宝宝的，否则宝宝会很兴奋）；然后再准备一个盒子，请宝宝向前拿起玩具并放回此盒子中。

要注意的是，在这个姿势下不建议让宝宝画画，应让他单纯地进行收放游戏，或以双手撑住，肚子在球面上，让他趴在球上翻些颜色简单的故事书。

功用：

宝宝趴在球上会有前庭感觉刺激，而在他前后拿取玩具的过程中，亦可获得缓和的前庭感觉刺激。

一整日活动计划

妈妈可为宝宝从早上起床到晚上睡觉做个时间表。3岁前的宝宝，时间观念不强，家长可先把一天时间分成早上、中午、下午、晚上四段，然后把各时段的活动计划写下来。

小叮咛

较大的宝宝，可以开始训练他看时钟，活动计划可改为整点或半点分隔。

过山洞

猫咪要去买蛋糕，请问要走哪一条路才会到蛋糕店呢?

怎么陪宝宝玩

请准备5条长度30～50厘米不等的绳子，彼此交错置于桌面，爸妈拉着一端，让宝宝用眼睛找出另一端在哪里!

好处

利用水管式的三度空间迷宫练习，不仅训练幼儿的专注力，也有助其空间概念发展！让宝宝将来看地图、黑板都不成问题!

玩出什么能力

- □ 空间概念发展
- □ 3D追视能力
- □ 观察判断力
- □ 专注力
- □ 手眼协调力

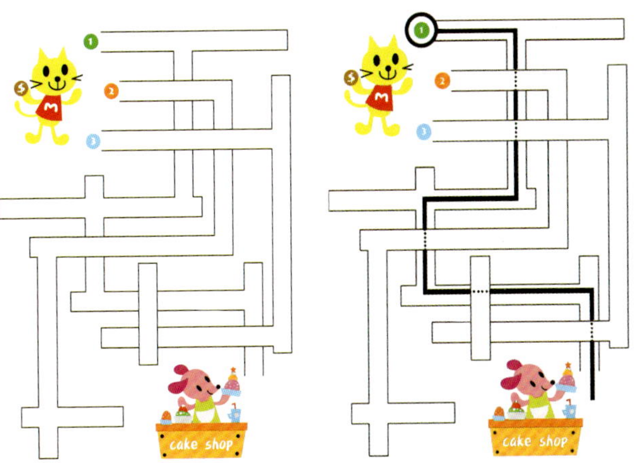

这个怎么做

在生活中制造一些问题，让宝宝去解决，此时可观察宝宝是用左脑审慎地一步一步解决，还是用右脑全面快速地解决。在这样的活动中，家长的关键用语是“你觉得这件事该怎么解决”、“第一步怎么做”、“然后呢”。

正向思考练习

在发生一些不如意的事情时，问宝宝的感觉，同时导向积极正面的思考。

例如，牛奶打翻了，如果跟宝宝说：“看吧，打翻了，都喝不到了！”这就是消极反应。

如果这时换个说法：“啊，还有一口，来我们再吸一吸。”此时宝宝会破涕为笑，情绪就能转为正向积极。在这个活动中，左右脑互动转换，是很好的全脑开发及情绪掌控练习。

小叮咛 notice

刺激宝宝脑力开发的游戏点子千变万化，父母可从日常生活中发掘灵感、自行创造。“潜能开发”没有固定的游戏模式，只要稍加变化，就有玩不尽的新鲜招数！

串珠珠

内容：准备一些五颜六色的珠珠，请宝宝挑选出同种颜色的珠珠，并将其串成一条小项链。或是仿串珠珠，妈妈可以先串3～4颗珠珠，让宝宝去串跟你一样的珠珠。

功用：训练宝宝的专注力，练习视觉搜寻与认知。

生活自理小超人

生活自理能力的培养需要一段时间，想要立即收到效果是不可能的。或许宝宝刚开始练习时，会弄得一团乱，或是做得不对、不够好，此时家长务必沉住气，帮助宝宝练习、练习、再练习。终有一天，您会惊喜地发现宝宝的进步！以下即介绍9大生活自理技能的训练，让宝宝成为生活自理的小天才吧！

第1技 脱衣服

先解开扣子，衣领滑至手臂，右手绕至背后，握住左袖口脱下，左手在胸前将右袖口脱下。

第2技 穿衣服

衣服平摊于床面，将领口靠近自己，两手各放入袖管中，双手向上抬再向后甩抛穿入，衣服穿好后调整一下，再照一下镜子。

第3技 梳头

梳头时先以一手按住头顶做中心点，自上向下梳，右边梳好换左边，由前往后地按步梳理。

第4技 擦拭鼻涕

将卫生纸折叠，包住鼻部，先用手指压住一侧鼻孔稍用力向外吹气，对侧鼻孔的鼻涕即可擤出，一侧擤完，再擤另一侧，然后擦净鼻子。最后将纸张折叠整齐，包起来丢掉。

第5技 洗洗手

双手打湿后，抹上香皂或洗手乳，先双手合掌洗手心，再洗手背，然后再分别对十只手指搓揉，之后以清水清洗干净，接着双手合掌轻甩，再以毛巾擦干。

第6技 如厕练习

18个月大的宝宝可开始学习不要包尿布改穿练习裤，在用餐前后、外出前后、睡前醒后，提醒宝宝上厕所。若宝宝不能按时排尿，或是提醒后才不慎尿湿，成人不宜严厉责备，多次练习必可见成效。

第7技 刷牙

拿起儿童专用牙刷依序刷洗，上排牙齿由上往下，下排牙齿由下往上，内外面皆然，接着用温水漱漱口，以毛巾擦干，并将用具归放原位。

第8技 走路

宝宝学会走路后，每次外出时尽量让他自己走路，避免将他抱于怀中，或是坐手推车，上下楼梯也尽量让他自己爬。

第9技 自己进食

6个月大后添加辅食开始，就可以让宝宝坐在一个固定的地方用餐，并让他练习抓握汤匙将食物送进嘴中。

看我72变

Step1 动作模仿游戏

任意找个生活用品，像是遥控器，并想象它能扮演的角色，以动作来表达，让宝宝猜。例如：爸爸妈妈拿着遥控器，让它在地上移动，宝宝就可以猜是“汽车”。

Step2 扮演接力赛

接着，将遥控器传给宝宝，让宝宝做出另一个动作，自己猜。（例如：宝宝可以拿着遥控器，放在耳朵旁，爸爸妈妈就可以联想是“电话”。）猜对了才能再传回去。

Step3 猜猜我演啥

各自在心中想个主题，并找家里的物品适度装扮，然后让对方猜猜你演的是啥。

小叮咛

刚开始玩这游戏时，爸爸妈妈应先给宝宝充分的时间思考，不要过度催促，造成他们的压力，多玩几次后，宝宝自然能举一反三，反应能力与联想力更进一步。

小树苗大考验

Step1 了解、模拟种子的成长

和宝宝一起讨论种子成长的过程（例如：种子→发芽→小树→大树），并用肢体动作演示各阶段的造型。

Step2 连续动作串起成长过程

将4个造型串起，利用身体做出种子成长的连续动作。

Step3 出现各种情况怎么办

将动作停在某个阶段（如小树）由爸爸妈妈提问题（例如：风来了会怎样？），让宝宝自己思考如何做出相对应的动作。

小叮咛 notice

Step3的反应要符合逻辑，并鼓励宝宝用动作和语言共同表达（不要只用说的或只做动作，而是结合起来），且在动作上也应多力求变化。

PART 6
第6章
3～6岁宝宝
亲子游戏与
智力开发

协调能力训练

编制小高手

故事里的老奶奶好厉害！可以用不同图案和颜色的布料拼成美丽又暖和的被子，我们也来试试看！

材料

各色不织布，剪刀，白胶，图钉，泡沫塑料。

小叮咛 notice

第3个步骤的交叉排放是这个活动最难的地方了。爸爸妈妈可能要多花一点心思引导宝宝，掌握技巧的话就会快多了噢！

步　骤

1 请宝宝把不织布剪成细长的条状。

2 将不织布交互并排，把每一条的一侧用图钉钉在泡沫塑料上。

3 把另一种颜色的不织布横向交错穿过上一步的纵向不织布间。

4 终于拼好美丽的拼布了。

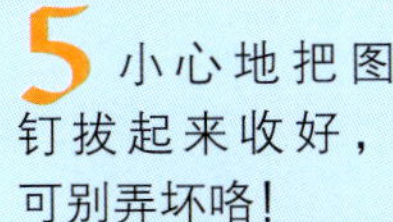

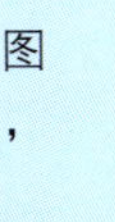

5 小心地把图钉拔起来收好，可别弄坏咯！

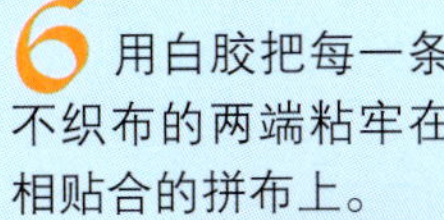

6 用白胶把每一条不织布的两端粘牢在相贴合的拼布上。

7 剪掉边边多出来的部分，作品就完成了。

8 把它拿来当成杯垫或是垫在小盆栽底下，都非常好看噢！

小小裁缝师

除了拼布以外，好的裁缝师也要会缝针线的工作噢！别怕，它一点都不难呢！

材料

西卡纸或较厚的纸张，彩色笔，剪刀，打洞器，鞋带，毛线，黑色小发夹。

小叮咛

市面上有许多厚纸板的立体裁缝书，可是每一本都价格不菲。用小宝贝自己的作品来做这个活动，不但可以省下不少金钱，宝宝也会更有兴趣噢！

步骤

1 请宝宝拿彩色笔在纸上画出美丽的图案。

2 不一定要画人物，画个好吃的水果也可以。

3 把画好的图案剪下来，边边可以留一些空白噢！

4 请爸爸妈妈用打洞器沿着剪好的图案周围打出间隔大致相等的小洞。

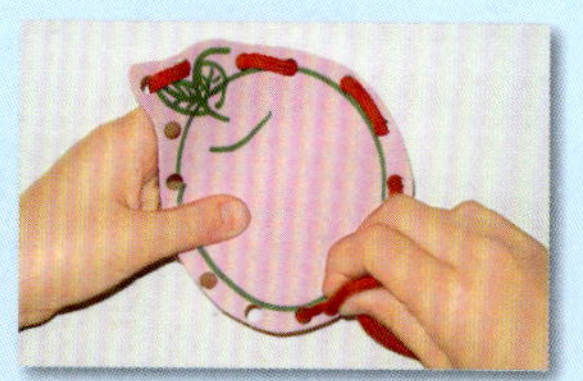

5 请宝宝把鞋带当成针线，一前一后地穿过水果周围的小洞。

6 换用毛线试试看。记得先把线头夹在小发夹上会比较容易穿过。

7 这次我们用绣花边的方式来缝缝看，看起来好像是娃娃头上的辫子呢！

8 大家看！我的手艺不错吧！

可爱毛毛虫

很多美丽的拼布都是用不要的零头碎布拼起来的。而其实我们身边许多废弃的小物品也可以“拼”成一件件的玩具或作品噢！

材料

不要的丝袜，不织布，棉花，眼睛贴纸，毛线，剪刀，白胶，竹筷子。

小叮咛 notice

只要增减一些材料，就可以在家里完成好多活动噢！下次不用出门花大钱，宝宝也可以玩得不亦乐乎，还会一直称赞爸爸妈妈好棒呢！

步骤

1 把不要的丝袜从脚底剪下15～20厘米的一段。

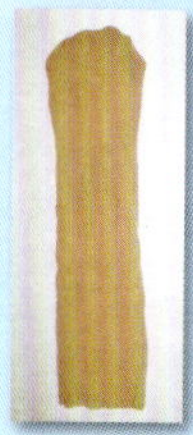

2 把适量的棉花搓揉成圆球状。

3 将棉花球塞入丝袜中并用毛线隔出一个个关节，第一颗球大一点点噢！

4 绑出5～6颗棉花球以后再把毛线的线头剪掉，身体的部分就完成了。

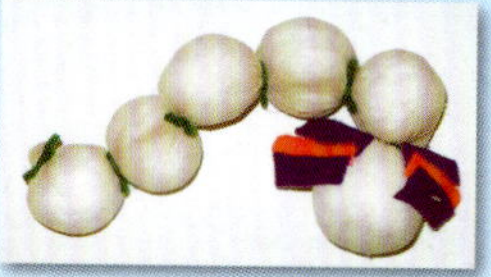

5 请宝宝利用零碎的不织布在毛毛虫的头上作装饰。

6 粘上一顶皇冠，它可是毛毛虫国的国王呢！

7 贴上眼睛和鼻子，原来国王这么可爱呀！

8 身体的部分也可以粘一些花纹，动的时候会更好看。

9 如果在前后两端插上竹筷子，还可以像舞龙一样表演噢！

我会做家务

平常宝宝可以帮忙做什么家务？不妨让宝宝从抹地、擦镜子开始！让宝宝在生活中参与家务，不仅能锻炼身体，增加乐趣，也能做到“本体刺激”，以后能聪明灵活地运用四肢！

开始抹地，让宝宝在地上爬啊爬，把地板擦干净，这时候最好妈妈也可以一起擦，在滑溜溜的地板上，一起伸展你们的身体。

接着来擦镜子，一起上上下下地擦啊擦，高的地方要踮脚，矮的地方要蹲下，脏的地方要用力，干净的地方就要轻点！你会发现，宝宝做家务也会好开心噢！

从头忙到脚

先准备好几个垫子，妈妈要努力让宝宝“从头忙到脚”，听着妈妈的口号，让宝宝依循指示，活动到身体的每一个地方！

妈妈先给一个垫子，并喊一声“屁股”，宝宝就要把屁股放在垫子上，努力保持平衡，不能出界噢！

再放两个垫子，喊一声“肘”，宝宝要拉长自己的身体，想办法把手肘贴上去！

接着妈妈喊一声“头”，再喊一声“膝盖”，宝宝咯咯笑，妈妈要鼓励一下，不难不难，你一定做得到！

接下来可以是“手”、“脚”、“屁股”……让宝宝伸展全身玩游戏，妈妈也可以一起参与。

亲子瑜伽11招

以下将由动作示范者依站、跪、坐、仰躺4大姿势，共11招，以图解的方式清楚呈现，让您在家也能轻松学会亲子瑜伽。

做法：

❶ 双脚分开，平行站立，双手自然下垂。

❷ 闭上眼睛，想象自己是一座山，感觉全身的重量落在脚底，慢慢身体变得越来越重，就像从地球隆起的高山，没人搬得动！

❸ 睁开眼睛，看着前面的一个点，双手从两侧往上延伸，保持此式3～6秒。

站姿——树精灵

做法：

❶ 同“山式①”的预备姿式。

❷ 闭上眼睛，想象自己变成了一棵树。扎根越深，越能长成一棵大树，此时你的双脚便是树根，挺立的脊椎是树干，高举的双手则是树枝。

❸ 睁开眼睛，将左脚举起，使左脚脚掌贴住右大腿内侧；再将双手合掌往上举，使手臂贴住耳朵，就如同一棵树一样，往下扎根，往上伸展。保持此式10秒，再换边练习。

站姿——亲子树式

做法：

❶ 脚底就像树根稳稳扎着地，妈妈与宝宝内侧腿靠近站稳，外侧脚掌贴住大腿。支撑腿像是树根往下扎根，脊椎像

是树干往上拉伸，手向上延伸则是树枝，轻贴住耳朵。

② 妈妈与宝宝一起注视前方的一个点，开始想象一起站在高高的山上，互相给予支持。

③ 宝宝像依偎在母亲身边的小树，扎根越深，大树越稳。

④ 我们站在大山上，站得高看得远。

好处：

可练习保持身心的平衡与专注，激发想象力，促进全身血液循环。做完这个动作之后，会感觉全身暖烘烘的。

跪姿——大拜式

做法：

① 跪坐，脚背贴地，手垂放两侧，自然呼吸。

② 闭上眼睛，想象自己心中最感恩的人或事。

③ 慢慢由身体两侧举起双手直到合掌，身体往前弯，手臂尽量贴近耳朵。

④ 上半身往前弯，使额头

和鼻尖碰地，保持此式1～2 秒。

❺ 起身，双手往上伸直，再往两侧放下。

跪姿——鹿式

做法：

❶ 坐在脚跟上，膝盖并拢，脚背贴地，双手放在大腿上。

❷ 闭上眼睛，想象小鹿斑比来到你面前，温柔地看着你，像是要带你去森林玩。

❸ 睁开眼睛，我也变成了花鹿，臀部离开脚后跟，身体前倾，臀部后翘，双手往后拉，掌心朝上，十指用力张开，像极了美丽的鹿角！

❹ 下巴微抬，眼睛直视上前方，保持此式1～2秒。

❺ 来吧！让我们再做两次。

好处：

能强化甲状腺、副甲状腺，刺激末梢神经；强化内脏机能，灵活膝关节和股关节，矫正驼背，更能扩展胸部，使呼吸顺畅。

跪姿——过山洞

做法：

❶ 跪坐，脚背贴地。

❷ 闭上眼睛，想象小狗狗刚睡醒时，伸懒腰的模样，真是舒服。

❸ 上半身往前趴，将身体往上移，大腿、手臂与地面形成一个四方形。

❹ 手臂伸直，臀部翘起，头部放松下垂于两臂之间，微微调整身体，使左右边平均伸展。

❺ 身体与地面成一个三角形，保持此式1～2秒。

❻ 来吧！让我们再做两次。

好处：

可拉伸及按摩脚筋，强化腿部、颈部及手部肌肉的发育，促进血液循环，增进食欲。

★ 坐姿——溜滑梯

做法：

❶ 双脚伸直、并拢，手放于身侧，指尖朝外前侧。

❷ 肚子向上挺，用手掌及脚跟支撑身体，使身体像一道滑梯。

秘诀：

❶ 妈妈站在宝宝身后将一颗球放在胸口，使球顺着身体

溜下；或由妈妈当滑梯，宝宝来玩溜滑梯。

❷ 如果你是滑梯你会是什么样子？引导宝宝用身体变换各种不同的体位来造型。

❸ 不论宝宝做出哪一种造型的滑梯都值得被鼓励及欣赏，所以别忘了用球溜一溜他。

坐姿——桌式

做法：

❶ 双腿伸直，轻松坐着。

❷ 闭上眼睛，想象自己是一张四平八稳的桌子，双脚和手臂像是强壮的桌脚，身体平平的可放一本书呢！

❸ 两腿弯曲，双手置于臀部后侧，指尖朝前，臀部往上抬，保持此式1～2秒。

❹ 来吧！让我们再做两次。

秘诀：

❶ 妈妈可放一本书或杯子等物品在“桌子”上。

❷ 可变化各种不同造型的桌子，如折叠桌、海滩桌（有一把太阳伞）、会走路的桌子等，尽可能发挥身体的创意。

坐姿——打电话

做法：

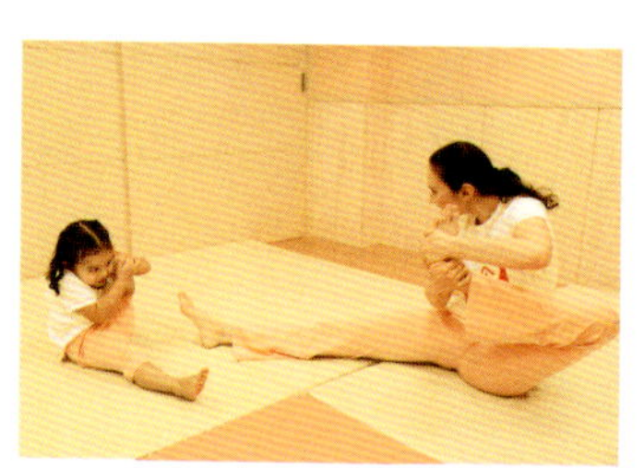

❶ 双腿伸直，轻松坐着。

❷ 闭上眼睛，慢慢将双手抱住右小腿，将脚掌自然贴到耳朵，脚掌也能打电话，保持此式1～2秒。

❸ 还原，再换左脚。

秘诀：

❶ 想象用你的脚掌也可以打电话噢！你要打给谁呢？妈妈在吗？

❷ 在脚底写上数字：1、2、3、4、5……妈妈带着宝宝，按出家里的电话号码。

好处：

保持手臂、腿部关节及肌肉的柔软与弹性。

坐姿——静坐

做法：

❶ 双脚伸直，轻松坐着，自然呼吸。

❷ 想象自己是一朵莲花，散发着淡淡的清香，宁静又安详。

❸ 右脚弯曲，放在左大腿上，

左脚弯曲，放在右大腿上。

④ 放松身体，头正、背直、下巴微后缩。

⑤ 把小嘴巴也闭起来。

秘诀：

① 带领宝宝享受安静的感觉，引领宝宝轻轻闭上眼睛。

② 试着感觉身边的声音，有没有听到什么声音呀？

好处：

这是一个很好的静坐姿势，能让身心完全放松，使感官回收到内在，增强记忆力、直觉与专注力，并恢复内在的宁静。

仰躺——哈哈呼吸

做法：

① 平躺，全身放松，双手放在身体两侧，掌心朝上，手脚微微张开大约30度，眼睛轻轻闭上。

② 想象腹部有颗气球，吸气时胀起，吐气时凹下去。

③ 时间视个人情况而定：做各种动作之间可以放松约15秒；全身按摩后，放松约2分钟，但可别睡着了哟！

秘诀：

❶ 爸爸先躺下，妈妈躺在爸爸的肚子上，宝宝躺在妈妈肚子上，以此类推，一个躺一个。

❷ 当大家哈哈大笑时，你是否感觉到别人肚子的气球高高低低，自己的肚子也很有弹性呢?

好处：

紧张的神经得以松弛，排除体内的废气，加速消除疲劳，使身心得到完全的放松，享受到彼此间的爱与心理的宁静。

捞弹珠

进行方式：准备一个盒子、一把汤匙及数颗弹珠，请宝宝用汤匙舀起弹珠再放入盒子内。

优点：让宝宝练习使用汤匙的技巧，亦可训练其手眼协调的能力与专注力。

用黏土做圆盘

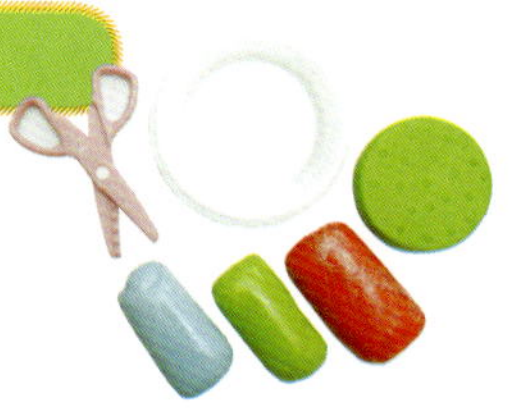

设计目的：

学习搓揉条状，利用小手排列。

材料：

安全剪刀，泡沫塑料盘，压盘，树脂黏土。

步骤：

❶ 妈妈协助宝宝一起合力将黏土条前后搓揉成细条状，

再将完成的数条细条状黏土交叉排列在泡沫塑料盘上。

❷ 妈妈教宝宝将黏土搓成一个个的圆球。

❸ 妈妈握住宝宝的手，协助他用安全剪刀将超出圆盘边缘的黏土剪掉，修饰成圆的形状。

❹ 妈妈协助宝宝将步骤2的圆球排列在盘子上，就完成美丽又实用的造型圆盘咯！

延伸玩法：

❶ 将完成的圆盘放置于干燥处，待黏土变硬、变坚固后（约需一天时间），就可将泡沫塑料盘取走，变成镂空造型的圆盘。

❷ 加上玩具刀叉，即可成为过家家的道具。

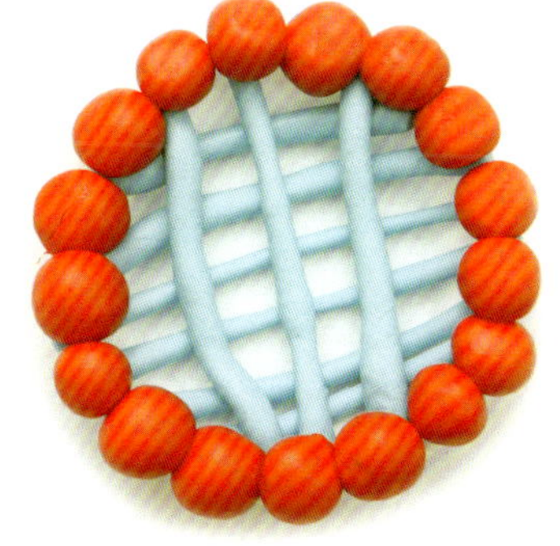

社交能力训练

提升宝宝人际交往能力

人际交往能力指能够辨识并了解他人的想法、感觉、意向，其中包含如何区别他人的心情、性情和动机，尔后做出适当的反应，通过与人之间的关系和暗示，了解如何与人和谐相处。人是群居的动物，今日社会特别讲求团队合作，此能力的重要性不容小觑。

引导技巧

从小学习团队合作有助于宝宝长大后发展良好的社会关系，如何在团体中保持和谐却又不迷失自我的想法是一件重要的事。宝宝在与他人相处的过程中，父母即可观察他有哪些错误的行为，例如：用抢夺的方式得到玩具；别人不小心碰到他心爱的东西，他会用推打来防卫；习惯待在自己的小空间里，不喜欢与他人交谈或玩耍等。家长适时地做一些指导，告知他正确的行为应是如何做，对这方面的智能发展有很大帮助。

活动教学

❶借由分组的方式进行活动和竞赛。这样的方式，可促进组员彼此间的团队合作，互相帮忙和打气，体会团结力量大的观念。

❷父母应给宝宝提供与其他宝宝相处的机会，让他练习接触和倾听，并在活动中学习基本的社交礼仪。在团体活动的过程中，宝宝也会自己学习如何被接纳和喜欢，而非被厌恶和排斥，逐渐摸索出自我的社交模式。

❸家长的身教很重要，大人和朋友或他人之间的相处模式，易被宝宝模仿学习。宝宝如同白纸，尚未发展出自己的一套方式，他们会通过观察来学习。故家长对于自己在宝宝面前的言行举止，也要格外注意。

❹通过一些角色扮演的游戏，让宝宝体验身处每个角色的感受。此游戏可教导他设身处地为他人着想，而非自私自利。

❺ 大一点的宝宝可带他去当服务性团体的义工，感受人与人互助所带来的温暖。

家长要多与宝宝沟通，多观察，及时为宝宝纠正错误并作适当引导。

自我察觉的能力

内省智能

内省智能是一种自我觉察的能力，及自知之明的行为表现。此智能要等宝宝较大后，才会显现并认识。因为了解自己，之后才能做出适当的行为、计划或态度。一个人若可清楚辨识自我的感觉，自然会有适宜的态度，帮助自己脱离一再犯错和不断挫折失败的窘境。

强化内省智能，可使人对自我运作的模式、自我需求、目标和优缺点更确定，从而可导正自己的行为迈向成功。故健全内省的能力，可帮助宝宝在认识自我的情绪、动机、兴趣、能力后，辅加上自尊、自省、自我要求来达成自我实现的结果。

引导技巧

家长可帮助宝宝通过内省、自律、自主来达到自我实现的目的。例如：宝宝做错事情时，请他“面壁思过”，自己思考哪里错了，而且要说得出来并认真想过，才会导正他将来的行为规范。

父母要了解，如欲做到赏罚分明，一定要先告知宝宝他做错了哪些事，而非胡乱打一通，否则易生反效果。

活动教学

❶让宝宝独自完成课业，并在完成后检查，培养他重复检视和反省的习惯。

❷请宝宝制订自我目标，并通过每天的反省和检讨，适时找出错误，立即改正。

❸让宝宝有多方练习新才艺、新事物的机会，借由外在刺激建造内省的能力。

❹请宝宝在每天睡觉前，回想当天的生活，反省哪些行为和心态是需要改进的，哪些语言或举动是可被延续下去的，再说一些肯定、激励自己的话，来鼓励自己。

❺家长适当提供给宝宝伟人的传记和充满力量的书籍，帮助宝宝从阅读中获得启发。

❻请宝宝写“自传”，看看他是否对自己有很清楚的了解。从他书写的内容中，可以得知从哪些方面去加强或补救。

不要放弃

好放弃

有些宝宝面对剧变的环境或困境，因缺乏处理挫折的经验，应变能力较差，常无法妥善应对，因而备感挫折。对于这样的宝宝，专家建议，一定要给宝宝灌输“放弃一切，就绝对没有希望”的观念，并教导宝宝面对问题时，勇于挑战。

陪同宝宝寻找问题

要一个性格发展尚不成熟的宝宝，独自面对挫折，他一定会心慌慌、眼茫茫。若家长能适时陪伴在宝宝身边，给予机会教育，一方面给宝宝充足的安全感，另一方面教导宝宝找出挫折症结点，有助于培养家中宝贝从容面对“烫手山芋”！

陪同宝宝思考困境

挫折之所以发生，一定是有错误环节出现，找出问题症结点后，家长可进一步与宝宝一同思考“怎么会发生这个问题”。找出问题，理清原因，能训练小宝贝条理式的思维逻辑，减轻焦躁不安。

陪同寻求解决方法

找出问题与判断原因后，接下来家长可试着教育宝宝解决问题。

面对能靠自己解决的难关，父母可试着与宝宝想想还有没有更好、更有效率的解决方式。但若问题无法凭一己之力解决，爸爸妈妈可以培养宝宝“转向思考”，以另类角度，重新赋予眼前困境“新的定义”。让宝宝知道，今天他的一切想法，对问题的解决，都是会有帮助的。

陪同宝宝作出决定

在上述步骤执行过后，父母亲可与宝宝针对挫折与困境来源，一起讨论出最佳解决方案。家长可通过一点点奖励小手段，鼓励宝宝在面对挫折时付出努力，让宝贝不以面对挫折为苦，进而发展正向、积极的人生观。

面对家有“好放弃”的宝宝，父母的态度是关键，以下整理十大不良名句，爸爸妈妈可得谨记在心，切勿脱口而出。

错误 父母十大不良“名句”

1. 你真是一个没用的宝宝。
2. 我怎么生了这么懒惰的宝宝。
3. 你怎么这么没志气，还没做就说不行。
4. 连这点小事都害怕，这么没出息，长大怎么得了。
5. 你一定不会。
6. 再不用功一点，你一定会考最后一名。
7. 你这都是胡思乱想。
8. 不要老是爱管别人，请管管你自己。
9. 还没做你就说不会。
10. 不检讨自己，只怪别人。

乐观宝宝

人生不如意事十之八九，遇到挫折“易悲观”的宝宝，因为人生阅历不丰富，往往在逃避的性格下，逐渐养成悲观的人格。针对这样的宝宝，父母可以这么做：

找出宝宝难过、悲观的原因

试着去了解宝宝之所以凡事只往坏处看，是因为找不到解决方式，还是不愿面对挑战，找出负向思考的症结点，才能对症下药。

教导宝宝负向思考的结果

在理清原因的同时，家长可适时对宝宝进行机会教育，告诉宝贝一味逃避或钻牛角尖，并不能真正解决问题。如果持续不开心，只会让情况越来越糟，并鼓励宝宝，要摆脱消极心态，逆境才会有转机。

教导宝宝面对与处理问题

在经过一连串心理建设后，爸爸妈妈可以进一步教育宝宝如何动手解决问题。宝宝对于不知名的挑战常会心生恐惧，爸爸妈妈可陪同面对，与宝宝一起动动脑突破困难，面对压力。

家有抱怨宝宝

爱抱怨

宝宝的欲望与不满犹如无底洞，只要稍不顺心就爱哭闹、爱抱怨，这类事事欲求不满，易心生厌恶抱怨的宝宝，常让爸妈很困扰。要搞定“爱抱怨”小霸王，父母可依情节轻重，给予机会教育。

抱怨可以，但只能一次

“爱抱怨”在某种程度上，也可算是一种情感抒发，适度抱怨，具有情绪宣泄的功能，但过犹不及，凡事爱抱怨，可就不是件好事了。建议家长与宝宝相互约定，抱怨可以，但只能一次，并适时教育宝宝，穷抱怨而不解决问题，只会浪费时间。

适时奖励，增进动力

光灌输宝宝一堆大道理，尽管正确，但宝贝就是听不进去。这时父母可与宝宝“约法三章”，并视情况给予鼓励与奖励，让宝宝尝点“甜头”，培养AQ（逆境商数，是指人在面对逆境时的处理能力），会让他更加有动力。

有效提升AQ技巧

如何增强3~6岁宝宝对挫折的耐受力，有十大指标可协助父母，成功打造“坚忍儿”。

❶ 家长保持同理心，将有助于让宝宝自在地从过错中学习。

❷ 有效与宝宝沟通并积极聆听。

❸ 改变“负面脚本”，试图将困境赋予另类解释，让宝宝知道，解决问题还有许多另类办法。

❹ 协助宝宝塑造自信心。

❺ 接受宝宝本性，协助他们设定切合实际的期望和目标。

❻ 找出及强化宝宝的特长，帮助宝宝体验成功。

❼ 协助宝宝了解“错误”是一种可以从中学习的经验。

❽ 提供机会让宝宝贡献所能，展现责任感、同情心及社会良知。

❾ 教导宝宝做决定及解决问题。

❿ 以提升自律和自制力的方式管教。

小叮咛 notice

看待挫败，AQ高的人会清楚地知道，一时成败并不能决定一生。从挫败中寻找优势，并把它转化成进步助力，困境常能因此破除。“塞翁失马，焉知非福”，保持乐观、转换心境、勇于接受挑战，AQ高的人，能将当下的不幸，变成日后回顾时的“幸亏”噢！

鼓励"懒"宝宝

大家都知道适当的活动对儿童各项能力发展的重要性，但当我们发现宝宝不爱动的时候我们该怎么办呢？以下所提供的3个方法，将有助于鼓励宝宝主动参与活动。

 投其所好 提高动机

要宝宝主动参与一个活动，最重要的是先提升其动机。宝宝一旦有动机，不需要家长费尽脑汁，他便愿意主动参与。如果活动本身无法提升宝宝的动机，我们可以借用宝宝所喜欢的玩具或物体来吸引他的注意力、增加他的兴趣，进而促使他参与活动。

建立成就感与自信心

宝宝主动参与活动除了外在物体的吸引，内在动机的发展也很重要。当宝宝执行活动并发展出不错的动作与技巧时，我们需不断地提供鼓励与适当的赞美，使其认知自己是有能力驾驭环境的，因而建立成就感与自信心，之后面临新的环境与活动时，借着内在动机的驱使，宝宝就可主动畅游在活动中。

例如，宝宝正尝试溜滑梯，当成功溜下来时，我们应发出适当的赞美：“宝宝好棒，会自己溜下来，不用妈妈帮忙，再溜一次，我相信你做得到。”宝宝会经由成功的经验，并为获得更多的赞美，而乐意再尝试一次。

营造活动环境与气氛

宝宝的世界是多变性的。活动内容太过单调或刺激不足，是不能满足宝宝的兴趣与需求的，所以为了鼓励宝宝多活动，活动环境与气氛的营造是不可或缺的。

就拿溜滑梯来说，一个不爱动的宝宝可能重复溜2～3下就兴趣全无，但如果在活动中设计些故事情节，宝宝就会兴致勃勃。例如：让宝宝假扮成圣诞老公公，告诉宝宝现在要爬上烟囱，溜下来将礼物送给爸爸、妈妈和哥哥，活动背景音乐可播放欢乐的圣诞快乐歌曲营造气氛，爸妈在接到礼物时要表述出惊喜、欢乐的心情。

阅读好处多多

3～6岁正值宝宝创造力最旺盛的时候，选择一些画面或情节幽默风趣的故事书，可提高宝宝的接受度。

图书内容可包括人际关系、品格教育、社会关系等，但不宜选择生命议题，以免太过沉重造成宝宝心理负担。

活动重点应放在延伸讨论上，父母应鼓励宝宝跟着故事主人公一起动动脑，并多发表意见。

无压力学英文

在家中营造一个学习英语的小角落，让宝宝可以自行轻易取得绘本、字卡等。

市面上的英语辅助教材甚多，家长们宜考虑宝宝的喜好、年龄与接受程度，选择宝宝可以接受的教材。若买回来发现不合适，也不要过度勉强宝宝噢！

字母卡、字母积木、字母泡棉或不织布

字体大而清晰、材质不易撕坏或吞入是主要考虑的问题。这些字母卡、字母积木等是初期帮助宝宝认识英文字母的好帮手。

识字图卡

识字图卡上面有的有图案，还有的是中英双语对照的卡片，选择图片生动、辨识度高的为佳，如各种不同动物图案的识字图卡。

英文有声书

依宝宝年龄及接受程度，挑选适合的内容，尽可能让宝宝听正确发音的英语，才能让宝宝模仿并学习到标准口音。

英文儿歌、韵文

幼儿对声韵很敏感。充满悦耳声音及轻快节奏的儿歌韵文，即使重复唱他们也不厌倦。

选择歌词重复性高、旋律好记易唱的，幼儿反复听几遍后就能琅琅上口咯。

儿童英文绘本

图片比文字多、图片大且色彩丰富的绘本更能引发幼儿兴趣。可选择单词简单且故事题材为宝宝所熟悉的绘本，如睡美人（Sleeping Beauty）、白雪公主（Snow White）、美人鱼（The Little Mermaid）等。

英语录像带、儿童英文光盘

录像带和光盘声光效果丰富，是便捷的学习工具，但2岁内的幼儿应避免看电视，3岁后以每天不超过半小时为宜。

一百板

材料：

剪刀，奇异笔，直尺，数字挂图，魔鬼粘数条，白色厚纸板，38厘米×60厘米的瓦楞板。

做法：

❶ 将数字挂图的数字全部剪下，背后粘上厚纸板以延长使用寿命；剪下后，还要再贴上魔鬼粘。

❷ 将描绘好的瓦楞板的里子也贴上魔鬼粘。记得要与数字卡的魔鬼粘不同面噢！

❸ 一个“活动式”的一百板就完成啦！

小叮咛

❶ 爸爸妈妈可以问宝宝有没有发现哪些数字的颜色相同；依所购买的数字挂图不同，可教导宝宝进位的观念。

❷ 待宝宝了解个中奥秘后，很快就能从1念到100。爸爸妈妈还可以随机问宝宝：“这个数字怎么念？”也可以从中拿下几个数字，请宝宝将正确的数字贴回空格中。

生活化的加法游戏

一道加法的算式对宝宝而言是困难且抽象的，如果宝宝不能通过理解而只是记忆或是盲目地运算，并不能达到增进数学概念的目的。让宝宝经由触摸、具体的操作来认识数学概念，进而培养运算能力，方能奠定稳固的知识。

在教导3~6岁宝宝加法概念时，最好的方式莫过于数一数家中的成员，爸爸、妈妈可以问宝宝：“爸爸、妈妈两个人结婚，生了一个可爱的宝宝，现在我们家里有几个人呢？”

随着宝宝认知能力的增强，可利用家庭间的出游、聚餐机会，反复练习加法的概念。例如问宝宝：“我们一家4个人和姑姑一家3个人要一起去爬山，今天总共有几个人去爬山呢？”让宝宝现场数一数，答案就出来了。

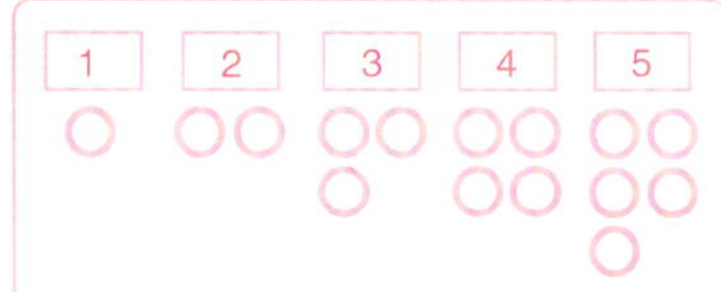

小叮咛 notice

建立宝宝对数学的兴趣与信心，父母必须从小做起，日常生活中简单的小变化、小巧思，便可营造出生动又有趣的亲子游戏。

提升宝宝数学智能

数学智能的定义为，运用数字和推理的能力，以及对抽象关系的了解。其核心内容涉及对数字的敏感度，计算和推理的程序，如计算、分类、推论、归纳等，亦包含了对逻辑方式和关系，因果的论点、功能，其他抽象概念的敏感度。

引导技巧

该智能可通过寻找，从发现形态的历程和解决问题的历程中来获得，因此从小给予条例式的练习和建立数字概念的基础相当重要。家长可给宝宝创造相应的条件和环境，或通过一些推理练习，训练其逻辑思考能力。另外，还可增加数字的练习，加深宝宝对数字的印象和认识，进而将其运用自如。

活动教学

❶ 家长可运用手指谣寓教于乐的方式，让宝宝从做中学。下面提供几个常见的手指谣范例：

星期一猴子穿新衣，星期二猴子肚子饿，星期三猴子去爬山。

城门城门几丈高，三十六丈高，骑白马，带把刀，走进城门滑一跤。

一角、两角，三角形；四角、五角，六角半；七角、八角，手叉腰；九角、十角，打电话；喂喂喂，请问你找谁?

❷ 提供给宝宝一些数字的图表，或是数字加减的游戏、魔术方块等益智玩具，皆可在娱乐中达到潜移默化的教导效果。

❸ 对于宝宝的问题不马上回复，而是反问："你认为呢？"给他思考的机会，有助提升宝宝解决问题的能力。

❹ 家长可观察宝宝表达的条理架构，慢慢助其修正，或请宝宝用某些架构的表达方式来说明他的感想。

❺ 带宝宝参观天文馆、科博馆，其中的一些科学体验区可带着他全程体验，对稳固基础概念有非常大的帮助。

小叮咛

学龄前的数学概念建立，能帮助宝宝在求学阶段不畏惧、不排斥数学学科，并培养解决问题的积极态度与思考判断的能力。

提升宝宝语文智能

语文智能即口语和书写文字之运用能力，内容包括对语言文字的结构、发音、意思、修辞，还有对声音的音调、节奏，阅读、口语、书写等各语文层次的整合。

引导技巧

此智能是通过书写、口语、阅读等语文层面的正式系统获得的。父母可创造一个具声光效果的环境，配合适当的学习材料，让宝宝在耳濡目染的方式下，获得启蒙成果。

活动教学

❶ 家长可与宝宝玩文字接龙的游戏，增加他对文字的敏感度和熟悉度。与宝宝互动时，可增加问句的情境。

❷ 听有声书时，可以鼓励宝宝反复朗诵内容并记录下来。

❸ 聚集一群邻居或亲友的宝宝，组成小小读书会。一起练习背诵诗词；或找一本书写出读书心得和好言佳句；或以益智问答的方式来作为此次的活动内容，训练思考和表达。

❹ 培养大宝宝写日记的习惯，先将想法用字句写下，练习叙事的表达和呈现。

提升宝宝自然观察智能

自然观察智能指对周遭环境的生态、人文、景色、自然进行有效的认识和分析。包括对生态的观察能力，如探究为什么动物的叫声不同、蛇用什么方式爬行、花怎样盛开的等等；或对自然景物的注意力，如思考“云为什么会飘”“为什么会打雷”“大雨过后为什么会出现彩虹”等等。通过这些问题，培养宝宝的观察力和对事物变化的敏感度。

引导技巧

引导宝宝接触大自然，包括对动植物的认识、欣赏景色、辨认各物种的演化等过程，提升自然观察的智能。宝宝通常对动物、大自然的变化感到好奇，经过发问等过程，可启发思维和统整结构。父母不妨利用休假时间，带着宝宝常去接触大自然，从小替宝宝安排一些可以亲近大自然的活动，如健行、爬山、踏青等等，有助此智能的提升。

活动教学

❶ 让宝宝阅读有关星球、天文、自然知识的书籍，丰富知识。

❷ 鼓励宝宝观看介绍各种自然生态知识的影片和节目，并记录下来。

❸ 如果环境允许，让宝宝养植物或动物，每天观察并记录它们的变化。

❹ 带宝宝参加户外活动，亲近大自然，观察出规则和一定的循环规律。

培养宝宝科学思维能力

培养宝宝的思维能力，其实不难。父母在日常生活中多用点心，就可以帮助宝宝学习到更多。虽然思维乍听之下似乎难以亲近，感觉是一项高级的智力活动。其实它是有规则可循的，再多利用技巧于实际操作中，就能让科学融入生活里。

要有丰富的知识与经验

家长应常带宝宝体会大自然的生活，或是进行周末的郊外踏青，并在户外活动的过程中提点观察的必要性，观察后的探讨也甚为重要。宝宝可在观察户外常见的生态现象的过程中，获得启发或疑问，回家后，查找书籍数据，加深印象，或立即了解正确信息。步骤不可以忽略，学习才会更加完整。

利用想象打开思路

想象的基础在于思维，提醒家长，实物的启发是延展后续思维很重要的因素之一。

让宝宝经常处在问题情境之中

老一辈的人常认为“小宝宝有耳无嘴”，其实这是错误的。家长应该培养宝宝发问的习惯，对于其问的问题耐心地解答。发问是一种思维的过程，爱发问的宝宝正在慢慢拓展脑部思维的系统，影响深远。

培养宝宝独立思维的习惯

“不要剥夺宝宝想象的空间”，让宝宝在问题中学习去思考、动脑，而不要马上给答案。

许多家长在教导宝宝方面，常感到力不从心，因为宝宝在说过好几次后还是出错。其实试着在问题出现时，先给宝宝思考的空间，不马上打断他的回答，而是用提问的方式，询问答案，经由宝宝说明的过程，你会了解哪个环节是宝宝在思考上的错误并予以纠正。这样的过程会让宝宝印象深刻，在独立思考中也获得启发。

讨论、设计解决实际问题的思路

宝宝出现错误的行为或思考的谬误，家长要给予的教育方式是陪伴和引导。过多的责骂和言语刺激，会减低宝宝的自我学习意愿，误认为在自我学习中的思考都是被否定的。例如：在宝宝还不会骑脚踏车的时候，先让他看看别人是如何骑的，先由模仿的方式自己试试看，从错误中了解正确的步骤，学习印象才会深刻，进步速度也较快。

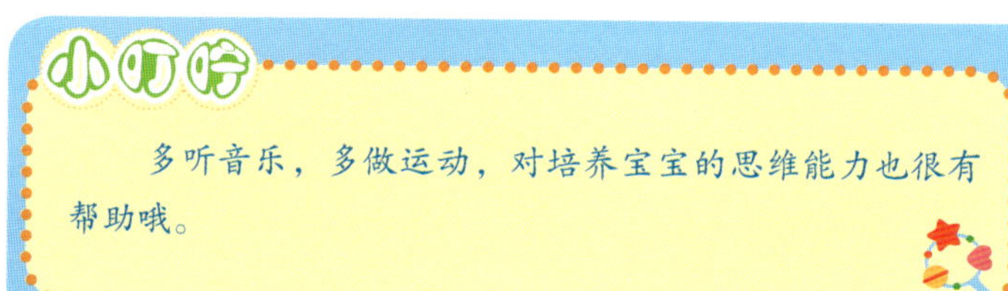

火车过山洞

爬行有助于平衡能力发展，有了父母的陪伴，不仅可提高宝宝尝试的动机，还有助于增进全家人的感情。

Step1 到处找洞钻

和宝宝共同找出家中的“洞”，如桌脚、椅脚等，大家一起“钻钻乐”。

Step2 老鼠躲进洞里

结合“猫捉老鼠”的游戏来玩，小老鼠钻进洞里时，猫咪就不能抓噢！

Step3 爸妈变山洞

爸妈用身体变出山洞，如双脚打开或者跪在地上（跪着，双手与膝盖着地），让宝宝扮演火车，钻过山洞。

Step4 山洞钻个够

请爸妈动动脑筋，怎样用身体一次变出很多山洞？比方张大左右手脚、撑在地面，就可以制造4个山洞。让宝宝尽情穿梭，钻过每个洞。

小叮咛 notice

❶ 钻山洞是为了增加宝宝爬行的机会，请爸妈不要将洞创造在空中（譬如手叉腰）。

❷ 针对较大幼儿，偶尔彼此角色可以对调，换宝宝创造山洞、爸妈来钻。这时爸妈如果钻不过去也没关系，宝宝反而会觉得更有趣。

一起来抱抱

宝宝固然是以自我为中心，但通过父母的示范并配合宝宝认知发展，就可以将一些情境活动带入宝宝生活中，达到潜移默化的效果。

Step1 摇摇抱

爸妈把宝宝抱在怀中，轻轻左右摇摆，像是水上晃荡的小船，舒服又温暖。

Step2 造飞机抱抱

爸妈用双手支撑宝宝的身体，让宝宝在胸前张开双臂，像是飞翔的飞机，转圈飞行或是上下飞行。

Step3 踩脚抱抱

让宝宝双脚踩在爸妈脚上，俩人一起数着拍子移动身体，口中念：“左、右、左，向前走。”

Step4 无尾熊抱抱

宝宝像无尾熊一样，紧紧地抱住爸妈这棵大树，然后大树带着无尾熊散个步吧！

小叮咛

❶ 对宝宝来说，拥抱能让他感受爸妈的体温及满满的爱，效果绝对不输口语表达噢！

❷ 拥抱的方法还有许多种，请爸爸妈妈和宝宝多尝试不同的抱法，找出彼此最爱的抱法，用这种拥抱来作为每天的早起仪式。

把笑传出去

想要学着与别人相处融洽，就得从敞开心胸、觉察别人脸上细微的情绪开始，有了前期的准备，待宝宝大些时，还能预测自己该如何加油添醋，让别人乐开怀呢！

Step1 谁是鬼脸王

爸妈和宝宝面对面坐着，双眼凝视对方，身体不动，脸部可以做出各种怪表情，想尽办法逗对方笑，看谁比较厉害，先把对方逗笑。

Step2 看谁最好笑

游戏规则不变，看谁比较厉害，能先把对方逗笑，但是这次除了表情，还可以加上声音和全身的动作来玩噢！

Step3 搞笑表演秀

在家中选择合适的地点做舞台，爸妈事先准备一些道具，比如丝巾、帽子、身体涂料，装扮自己后，尽情地搞笑表演吧！

小叮咛 notice

❶ 爸爸妈妈别担心因为搞笑而丧失威严。事实上，通过游戏拉近亲子间的距离，让宝宝觉得“你和他是一国的”，教育宝宝时更能事半功倍。

❷ 这个游戏也可以成为亲子间的一种默契，当家中有人心情不好时，其他的人都可以做搞笑的表演，来让他的心情好一点。

培养高EQ宝宝

在成人的世界中，大家都会说高EQ（情商）的人比较好相处，也拥有比较多的朋友。而所谓的高EQ，就是这个人拥有很好的情绪调整能力，因此宝宝想要拓展人际关系与拥有稳定的友伴关系，学习情绪调整能力是很重要的。

父母请检视：自身的情绪调整能力

父母是幼儿模仿与角色认同的对象，父母自身的情绪调整能力对幼儿的人际关系发展来说也是重要的一环。

父母的情绪平稳，宝宝就容易学习到平稳的情绪表达方式；若父母经常用谩骂、体罚的方式对待宝宝，宝宝就会在与平辈相处时不经意流露出与父母相同粗暴的语言或肢体动作，导致受到其他宝宝的排挤。

父母请扮演：宝宝交友时的咨询者

宝宝交友的历程是在与平辈相处中去摸索、协调、分享或是运用一些策略来发展人际关系。父母除了是宝宝情绪学习的重要对象外，也扮演宝宝交友咨询者的角色。

宝宝在和平辈相处时会有挫折，比如朋友不理他、受到其他宝宝排挤，此时父母可以说说自己小时候交朋友的经验给宝宝听，当宝宝听到父母小时候交友也有挫折，会对自己目前的状况比较释怀。

父母请指导：学习调整情绪的能力

在宝宝3岁左右时，父母应帮宝宝认识自己的情绪。例如，宝宝在哭，父母可问宝宝："你在伤心吗？为什么伤心？"宝宝在生气，父母可问宝宝："你在生气吗？"直接让宝宝知道他现在是处于什么样的情绪。当宝宝能理解自己的情绪后，才能理解别人的情绪。比如在与平辈相处时，学会在同伴伤心时拍拍他的肩膀安慰他，成为一个有同情心的人。

到了3～6岁，可培养宝宝情绪调整的能力，逐渐教导宝宝学习如何解决问题。例如，宝宝把杯子打破了，父母不要劈头就骂宝宝，而是教他解决的方法，可问他："该怎么办？"让他学习用平稳的情绪来处理问题。

小叮咛 notice

父母不要用命令的语气指责宝宝，平等的沟通交流才是正确的方法。

积木叠高高

玩法：

拿些相同尺寸的木制积木，让宝宝一块一块地往上叠。

变化玩法：

① 爸爸妈妈可以和宝宝一起比赛叠高高。

❷ 轮流和宝宝叠同一组积木，妈妈叠完一个再换宝宝叠一个，看谁叠的最后一个倒下来。

功用：

在叠高积木的过程中，可训练宝宝上肢的稳定度（上肢稳定度不足的宝宝，手会抖或是将积木弄倒）。

爸爸妈妈必须适度地控制输赢次数，以训练宝宝的挫折忍受度，而在轮流叠积木的过程中，亦可让宝宝学习等待和轮流的社交技巧。

聪明的建筑师

玩法：

爸爸妈妈利用积木，组成简单的立体图形，让宝宝仿做。

变化玩法：

❶ 从最简单的方式开始，爸爸妈妈组一块积木后宝宝再照着组，直到完成图形。

❷ 可以再进一步，直接将组好的成品拿给宝宝仿做，也可让宝宝组好成品后，让大人仿做。

排火车

玩法：

拿尺寸一致的木制积木（越接近扁长方形愈佳），依序以直立的方式排整齐，到了一定数量后，再将积木推倒。

变化玩法：

❶ 和宝宝比赛，看谁排得最长而没倒掉。

❷ 可以和宝宝轮流排。

功用：

加强手掌的分化及专注力，另外可以让宝宝学习等待和轮流。

摸摸乐

玩法：

将各式各样的积木放进一个不透明的袋子内，让宝宝伸手进去摸一个指定的形状出来。

变化玩法：

刚开始若觉得太难的话，可以只放2~3个积木，再指定形状。

功用：

训练宝宝的触觉分辨能力及形状概念。

车车的脚印

我们只知道每一种小动物的脚印都不一样，其实每一辆车的脚印（胎纹）也都不相同哦！有宽、有窄，有大、有小。如果能自己设计的话，你的车想要有怎样的脚印?

材料：

玩具擀面棍，各色泡棉，剪刀，胶水，双面胶，广告颜料。

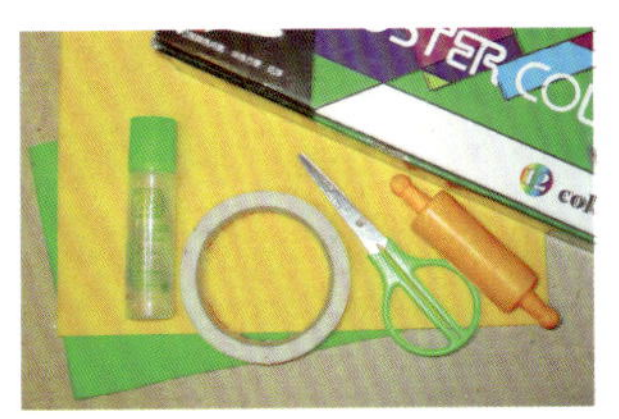

步骤

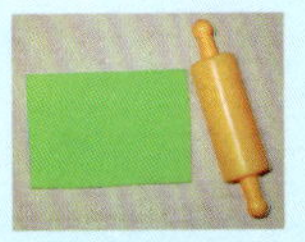

1 将绿色泡棉剪出环绕玩具擀面棍一圈的大小。

2 另外剪下一些黄色泡棉小方块，粘贴在绿色泡棉的上下两侧。

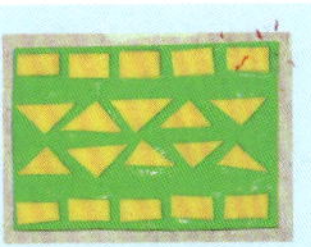

3 再剪一些三角形的泡棉，粘贴在绿色泡棉的中间部分。

4 利用胶水或双面胶把完成的泡棉半成品粘在玩具擀面棍上。

5 在泡棉的突起部位涂上广告颜料。

6 压印在图画纸上，脚印（胎纹）就出现了。

小叮咛 notice

如果孩子大一些，也可以让他们剪出汽车、动物等剪影，这样盖印出来的图案会更有趣喔！

动物滚滚乐

小孩子最喜欢玩滚滚滚的游戏了，平衡感也比大人好上许多，一些爸爸妈妈看了就会头晕的游乐器材他们却是乐此不疲。小动物们是不是也如此？

材料：

卫生纸卷筒，各色色纸，剪刀，胶水，双面胶，彩色笔。

步　骤

1 在卫生纸卷筒上粘贴上色纸当底。

2 另取一张色纸，分别画上带着笑脸的小熊的上半身和分开的四肢。

3 在另一张色纸上画出头晕状的小兔子的上半身和分开的四肢。

4 剪下色纸上的身体和四肢贴在卷筒上，作品就完成了。看小熊玩得多快乐！

5 小兔子可就不喜欢喽！看它都快晕倒了。

小叮咛

这个游戏在小斜坡上玩会比较容易成功。您也可以和小宝贝比比看谁的小动物最快滚到终点哦！

我也会开车

你的宝宝常在汽车后座学着爸爸开车的动作吗？还是在车子停止时喜欢爬上驾驶座东摸西摸？何不让他也享受一下开车的乐趣！

材料：

蛋糕盘或小纸盘，瓦楞纸板，色纸，彩色笔，两脚钉，剪刀，胶水。

步骤

1 将蛋糕盘或小纸盘剪出一个方向盘的形状。

2 取一张色纸剪下一个圆形，并画上汽车的速率表。

3 另取一张色纸剪下圆形并画上汽车的引擎转速表。这要问爸爸噢！

4 将画好的两组仪表贴在瓦楞纸板上。

5 在瓦楞纸板的四周贴上不同颜色的小色纸当作各种按钮，也可以做一些装饰。

6 利用两脚钉装上方向盘，成品就出炉了。

小叮咛 notice

活动式的方向盘可以随意安装在宝贝的小餐桌、玩具车或是小床头，让宝宝体验驾驶的乐趣。如果能组装在宝宝的安全座椅上，更可以让父子两人一同享受驾驶的快感呢！

过家家好开心

打电话游戏

可用玩具电话或二手电话仿真，从铃声、接起电话、应答开始。打电话是必须单用语言来表达的游戏，如果没有说话，别人就无法了解，也是亲子沟通很好的机会。此游戏可以训练宝宝用清楚、正确的声音说话，这也是入学以后，宝宝会被要求的基本能力。

交通工具仿真游戏

交通工具是宝宝生活中随处可见的，可用椅子并排营造车厢的感觉，并依据不同的交通工具（出租车、运货车、火车等）加入不同的情节（交通规则，运货卸货，路上看见、遇见什么等），可帮助宝宝建立许多具体的概念。

买东西游戏

可让宝宝当老板，通过反复的情境模拟和角色扮演，帮助宝宝认识生活用品并且建立数字的概念。

请客游戏

通过主人、客人的角色互动，宝宝在烹饪、用餐的过程中，可以学习待人接物、餐桌礼仪、乐于分享等社会行为。游戏有一个非常重要的步骤不可忽略，即游戏结束以后，要让宝宝发表游戏的感想，让宝宝自己整理、转化游戏经验。爸妈也可以和宝宝讨论游戏中遇见的状况，从中了解宝宝真实的感受，并且适时地处理和教导。相信只要用心抓住走进宝宝世界的机会，爸爸妈妈不只能够参与宝宝成长的喜悦，也能和宝宝一起享受过家家的乐趣噢！

帮妈妈扫地

家有幼儿，父母最困扰的莫过于环境的维护，不论是吃点心、玩黏土都会让才清理好的桌面、地板又脏了。其实，当宝宝看到妈妈在辛苦地扫地时，也有想要模仿的冲动，此时只要准备一套较小尺寸的扫把与簸箕，便可训练宝宝自己收拾善后。

将宝宝可使用的扫把、簸箕放置在他们可自己取得的角落，并在地板上以有颜色的胶带贴出一个四方形，当宝宝弄脏地板时，家长示范先将垃圾扫至四方形区块，再拿起簸箕将垃圾倒入垃圾桶内。几次之后，宝宝便能掌握扫地的技巧，成为分担家事的小帮手。

越来越多的教育学家认为，在生活中培养自我照顾的技能与学习关心周遭环境，是决定宝宝未来是否能顺利适应社会的基本指标。从居家生活中的工作开始，让宝宝学习自我照顾，进而爱护环境，宝宝不但会变得更懂事体贴，更能从生活中找到信心与成就感。

泡泡海底世界

几乎每一个小宝贝都喜欢在浴缸里玩泡泡浴。如果加上一些塑料鸭之类的小玩具或是几艘潜水艇，那就更棒了。其实泡泡也可以拿来画图噢！让我们看看怎么做吧！

材料：

图画纸，保鲜盒，洗洁精，水彩，水彩笔，粉蜡笔。

步 骤

1 将些许洗洁精倒入保鲜盒中加水搅拌出满满的泡泡。

2 另取小容器分别挤一些蓝色和绿色水彩，加水，用水彩笔调和后倒进保鲜盒中。

3 将图画纸（裁出宽度约保鲜盒大小）压浸到彩色的泡泡中。

4 如此一来图画纸上就会有奇幻般的海底色彩了。

5 用吹风机把图画纸吹干。

6 请宝贝用粉蜡笔在图画纸上画出美丽的鱼。

7 再加上几条小鱼、水草和珊瑚礁，泡泡海底世界就完成了。

利用这个方法可以省下许多画背景的时间，而且每一张图的底色也绝对不会重复噢！下次亲朋好友问爸爸妈妈这种纸要到哪里买的时候，你们可得伤脑筋要不要告诉他们这个秘密了。

圈叉找一找

栅栏破了！小狐狸趁机要抓小羊，请帮忙赶走狐狸让小羊回到栅栏里。栅栏外面的小羊请圈起来，在栅栏里面的狐狸上打叉叉。

怎么陪宝宝玩

在栅栏外找绵羊，在栅栏里赶狐狸，有助提升宝宝的判断能力，让宝宝将来能判别“选择题”要填写123，“是非题”要画圈和叉。

玩出什么能力

- □ 选择性专注力
- □ “多步骤指令”的理解力

大家来找茬

怎么陪宝宝玩

请宝宝找出两幅相似图画中的微小不同，有助于宝宝的观察力训练，让宝宝有敏锐的观察力，在同中求异，发现生活中的不一样。

玩出什么能力

- □ 观察力
- □ 视觉记忆力
- □ 分辨能力
- □ 持续专注力

激发宝宝创造力

当宝宝充满好奇疑问时要顺势引导

父母不要因为工作忙碌而忽略宝宝的需求，在宝宝问问题的时候，不要露出不耐烦的神情，或是打断他的问题，应该引导他往正确的方向思考。

多参与宝宝的活动

在忙碌一天回家后，可和宝宝分享今天发生的事情，也鼓励宝宝说出他的一天，或和宝宝一起玩玩具。假日时，多和宝宝一同出游，增加亲子互动，不仅可培养亲子间的亲密情感，也能激发宝宝多元的想法。

亲子共读

亲子共读是培养爸爸妈妈和宝宝之间亲密依附感的好方法。你可讲故事给宝宝听，或让宝宝讲给你听，有时候也可用手偶或玩具进行角色扮演，或和宝宝一起到博物馆、图书馆等地方，欣赏展览、文艺活动，给宝宝文化的刺激。只要多给宝宝提供一点素材，他就能比别人多一些练习的机会，你也能融入宝宝的世界。

小叮咛 notice

宝宝的潜力无限，只要父母多用心，就能激发宝宝的创造力，发挥无限可能性，让宝宝成为创造小天才！

彩色小丸子

点点如果变成立体的话，就是一颗颗彩色的球球了。小宝贝想让球球变成什么呢?

材料：

各色树脂土，竹签或竹筷子，圆点贴纸。

步　骤

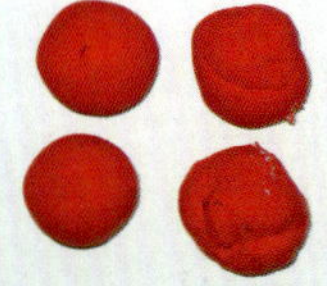

1 请宝宝把树脂土搓揉成圆球状。要用点力气才能搓成像左边一样的小圆球，不然的话就会像右边的一样有些丑噢!

2 我的球球都搓好了。看起来好像妈妈煮的汤圆噢!

3 一边旋转一边把球球穿进竹签里，就变成一串彩色的小丸子了。看起来好好吃噢!

4 也可以搓几颗大一点的球球，用圆点贴纸贴上眼睛，再压出一道嘴巴的线条，就是可爱的丸子娃娃了。

5 把做好的丸子家族放进花瓶中，就是宝宝桌上的美丽装饰了。

小叮咛

宝宝手部小肌肉的运动，对双手的发育和灵活度是很重要的。借由不同活动需要用到的手部动作，能让小宝贝在不知不觉中就打下良好的基础，以后不论是拿笔或抓取物品都难不倒他噢！

来当跟屁虫

Step1 请你跟我这样做

爸爸妈妈先想好动作，比方说一边念着“请你跟我这样做”，一边用手轻拍肩膀（或爸爸妈妈想让宝宝跟着做的任意动作）。

Step2 我会跟你这样做

这时，宝宝就要一边说“我会跟你这样做”，一边学着用手轻拍肩膀（或爸爸妈妈所做的任何动作）。

Step3 记忆力大考验

难度提高些，爸爸妈妈在念“请你跟我这样做”的同时，连续做完2个动作（例如：先拍肩膀再打开双手），接着让宝宝试着再做一次。

拼图世界妙妙妙

3～4岁宝宝：厚纸类拼图

图案及片数：相较于前期使用依物体部位作清楚切割的拼图，3～4岁期间可以开始让宝宝尝试随意切割的拼图（每片拼图为不规则形状）。若图案为具体的、宝宝熟悉的，该阶段的宝宝通常可完成6～12 片拼图。部分拼图虽然片数符合，也为具体图案，但如果图案颜色相近，像是整面红彤彤的苹果等，3～4岁的宝宝可能还要父母的协助才能完成。

宝宝若之前已经知道拼图上的图案，相对比较容易进入状态。有些宝宝能快速完成卡通图案的拼图，一方面可能是图案熟悉，另一方面则可能是重复练习的结果，其他如拼图的切割方式、有没有对照图，也会影响宝宝的反应。

4岁后宝宝：厚纸类拼图、立体拼图

图案及片数：之前如有练习，这时可将图案的难度再提高，4岁以上的宝宝一般可完成20~30片的拼图，甚至到5~6岁时，如果宝宝原本就已经认识拼图上的图案，可能看到其中一小片就可以知道整个图案为何，并尝试立体拼图。当然宝宝的表现会依据家长有没有提供图的范例、之前有无相关经验、对图案的熟悉度等而有所不同。